# Les enfants, pour quoi faire ?

*Les Insensés*

## Du même auteur

*Pourquoi personne ne me collectionne ?*, coll. « Série humoristique », Rivages/poche, 2010.

*Démence précoce*, coll. « Série humoristique », Rivages/poche, 2007.

*Psychologie du pingouin*, Le Dilettante, 2004.

*L'Expédition polaire à bicyclette*, Le Dilettante, 2002.

*Benchley*, coll. « Humour secret », Julliard, 1963 ; réédité sous le titre *Le Supplice des week-ends*, coll. « Pavillons poche », Robert Laffont, 2010.

## À paraître

*Pourquoi je déteste Noël*, Wombat, 2011.

Robert Benchley

# Les enfants, pour quoi faire ?

Traduit de l'anglais (États-Unis)
par Frédéric Brument

Wombat

Maquette : Fanny Clavurier
Photogravure : BiCi Graphic


ISBN : 978 2 91918601 3

## *Holt ! Qui va là ?*

L'ouvrage du Dr Emmett Holt, *Comment prendre soin de son enfant et le nourrir*, est devenu une référence nationale pour toutes les jeunes mères, en particulier celles qui font pour la première fois l'expérience de la maternité. Du lever au coucher, la petite enfance du rejeton est ainsi entièrement réglée en fonction de « ce que dit Holt ». Mais plusieurs interrogations, qui ne figurent pas dans le questionnaire pratique établi par l'éminent pédiatre, restent en suspens ; comme il est probablement trop occupé pour y répondre lui-même, nous avons compilé un appendice qu'il pourra, s'il le souhaite, intégrer dans la prochaine édition de son livre. Enfin, s'il s'en fiche, rien ne l'y oblige.

## LE BAIN

*Que doit porter le parent en donnant son bain à l'enfant ?*

Un tablier en caoutchouc devrait normalement suffire, mais une paire de coudières et des gants antidérapants ne seront pas du luxe. Il ne faut jamais donner de bain à un enfant moins d'une heure après le repas (c'est-à-dire après que le parent a mangé).

*Pourquoi l'usage de gants de toilette est-il à déconseiller dans le bain de l'enfant ?*

Les gants de toilette sont trop faciles à avaler et, après en avoir avalé six ou sept, l'enfant a tendance à être ballonné et léthargique.

*Dans quelles circonstances peut-on se dispenser du bain quotidien ?*

N'importe quelle excuse fera l'affaire. La salle de bains peut être trop froide, ou trop chaude ; l'enfant peut être trop endormi, ou trop éveillé ; le parent peut avoir les genoux qui flageolent ou ressentir les symptômes d'un empoisonnement. Et, de toute façon, l'enfant a déjà pris un bon bain hier.

## L'HABILLEMENT

*Comment doit-on tenir un enfant pendant qu'on l'habille ou qu'on le déshabille ?*

N'importe quel charpentier sera disposé à vous vendre un étau que vous pourrez fixer au bord de la table. Placez l'enfant dans l'étau et tournez la vis jusqu'à ce que la pression fasse apparaître une légère rougeur. Prenez garde à ne pas trop la serrer, sinon l'enfant risque de ne pas apprécier ; mais, d'un autre côté, il faut bien s'assurer de ne pas lui laisser trop de jeu, sinon l'enfant tombera sans cesse par terre, et dans ces conditions vous n'arriverez jamais à l'habiller.

*Quels sont les articles les plus importants dans l'habillement d'un bébé ?*

Les épingles de sûreté qui se trouvent dans le tiroir du bureau juste à côté.

## LE POIDS

*Comment doit-on peser un enfant ?*

Placez l'enfant sur la balance. Le père doit alors s'asseoir sur l'enfant pour le maintenir en place. Pesez le père et l'enfant ensemble. Puis ôtez le poids du père de la masse globale obtenue : le résultat vous donnera le poids de l'enfant.

## LE BON AIR

*Dans quel cas est-il déconseillé de faire dormir un enfant à la belle étoile ?*

Dormir dehors en ville ne pose aucun problème, mais un enfant qui dort dehors à la campagne risque de se faire lécher par des vaches en goguette et divers autres machins. On ne doit l'autoriser en aucun cas.

## LA CROISSANCE

*À partir de quand un enfant commence-t-il à rire franchement ?*

Quand le père essaie de le faire tenir immobile pour la première fois.

*Si, à l'âge de deux ans, l'enfant n'a pas encore fait mine de parler, que doit-on suspecter ?*

Qu'il n'a encore croisé personne qui mériterait qu'on lui parle.

## L'ALIMENTATION

*Quels sont les aliments à déconseiller pour un enfant ?*

Les olives pimentées.

*Comment sait-on de quelle quantité de nourriture a besoin un enfant bien portant ?*

En écoutant attentivement.

*Lequel des parents doit se lever pour aller préparer le premier biberon du matin ?*

Le moins doué pour faire semblant de dormir.

## *Comment porter un bébé*

Les pères, les oncles et les parrains seront ravis d'apprendre la nouvelle : certains spécialistes en pédiatrie ont décidé que, désormais, le fait d'être changé de position dans les bras de celui qui le porte constitue un exercice bénéfique pour un nouveau-né. Voilà qui devrait mettre un terme à pas mal de regards noirs et de taquineries aux dépens du parent mâle.

Aucun parent mâle sain d'esprit ne prend jamais de son propre chef un bébé dans les bras. La seule pensée de le laisser tomber – une pensée qui ne le quitte pas une seconde – suffit à transformer tous ses organes vitaux en gélatine. C'est toujours une femme qui le suggère.

– Laissons Joe le porter une minute. Porte-le, Joe !

C'est ainsi que Joe, pris de sueurs froides, se saisit de l'enfant et devient aussitôt un sujet de moquerie.

– Regarde comment Joe le porte, Bessie ! Comme si c'était un sac de golf !

– Pauvre bébé... Repose-le, Joe !

– Attention, Joe ! Tu vas l'étrangler !

Il y a du lynchage dans l'air.

Mais à présent Joe peut répliquer avec l'argument qu'il fait faire de l'exercice au bébé.

– Vous, les femmes, vous le portez tout le temps dans la même position, ce qui empêche son corps de se développer de manière symétrique. Demandez à n'importe quel spécialiste !

À l'intention des parents mâles qui se retrouveraient, pour une raison ou une autre, dans l'obligation de porter un bébé, les positions suivantes sont recommandées comme les plus bénéfiques au développement de l'enfant et les plus susceptibles d'inquiéter sa mère.

Dans le cas où le nourrisson doit être extrait de son berceau par le père ou l'oncle, on évitera la vieille méthode qui consiste à se pencher et à l'attraper sous les bras. Le parent mâle devra plutôt grimper dans le berceau avec lui et s'allonger sur son dos (son propre dos), puis poser le bébé sur son torse et se redresser en position assise. Il faudra ensuite demander à une tierce personne de venir extraire en bloc le père et l'enfant du berceau.

Dans le cas où le bébé doit être pris des bras de quelqu'un d'autre, par exemple lors du baptême ou d'une réunion de famille, agrippez fermement de la main droite une des chevilles du bébé et dites à l'autre personne de le lâcher. En quittant les bras de l'autre personne, la tête en bas, l'enfant effectuera ainsi un mouvement de balancier, à la manière d'un danseur d'adagio, réalisant un demi-cercle complet, jusqu'à ce qu'il atterrisse sur l'épaule de l'oncle, qui le tient toujours fermement, si possible, par la cheville. Cet exercice contribuera à développer la jambe de l'enfant et à lui donner de l'aplomb.

Quand on le porte normalement, on peut lui dispenser un peu d'exercice avec la méthode suivante : le parent mâle tient le bébé par les deux poignets et le laisse pendre devant lui, en le balançant doucement d'avant en arrière, comme un pendule. Il est alors possible de le jeter très haut en l'air et de le rattraper – ou pas, selon ce qu'aura décidé le Destin.

Une méthode encore plus bénéfique pour le développement de l'enfant consiste à lui faire porter *lui-même* le parent mâle.

## *L'éducation des petits*

Étant résolus à élever Junior selon les préceptes de l'éducation moderne, nous avons estimé que l'âge d'un an et demi ne semblait pas prématuré pour commencer. Comme le disait Doris : « Je ne vois pas pourquoi un enfant d'un an et demi n'aurait pas l'envie, même balbutiante, de s'exprimer par lui-même. » Et, en effet, à ce compte-là, il n'y a aucune raison.

Doris avait potassé des livres sur le sujet, et elle avait parlé avec Mme Deemster. Si l'on remontait la piste de la plupart des problèmes qui surviennent dans notre ville, on en arriverait toujours à une personne qui a parlé avec Mme Deemster. Mme Deemster ne peut s'empêcher d'insuffler une note évangélique à la plus banale des conversations en société, de sorte que votre femme attaque à peine son deuxième biscuit à la cannelle qu'elle est déjà convaincue que tous les enfants devraient porter des pantalons longs avant l'âge fatidique de quatre ans, ou que vous devriez engager quatre domestiques par jour avec un système de roulement toutes les trois heures, ou encore que, comme dans le cas présent, aucun enfant ne devrait aller à l'école avant d'avoir décidé de son propre chef quelle serait sa profession, et qu'alors il devrait être envoyé directement de la maison à l'université Johns Hopkins ou à la Sorbonne.

Il fallait laisser Junior entièrement livré à lui-même, la théorie étant qu'il parviendrait à s'exprimer d'une manière ou d'une autre, et qu'en l'observant attentivement nous pourrions déterminer ce qui devrait être développé en lui ou, plutôt, ce qu'on devrait lui permettre de développer en lui. Il ne fallait le corriger, ou le guider, sous aucun prétexte, et il devait nous appeler « Doris » et « Monty » au lieu de « maman » et « papa ». Nous ne devions être pour lui que des copains, rien de plus. Autrement, son individualité serait étouffée. Je serais cependant autorisé à payer les quelques factures qu'il pourrait occasionner avant d'avoir trouvé sa voie.

Le premier mois où Junior fut livré « à lui-même », luttant pour s'exprimer, il passa quasiment chaque heure d'éveil, tous les jours, à retirer le mortier entre les briques de la cheminée et à le manger.

– Tu ne crois pas qu'on devrait lui suggérer qu'aucune personne qui est un jour devenu *quelqu'un* ne mange de mortier ? dis-je.

– Je préfère ne pas interférer, répondit Doris. J'essaie de deviner ce que ça peut vouloir dire. Il a peut-être en lui ce qu'il faut pour devenir un sculpteur.

Mais, visiblement, elle s'inquiétait quand même un peu, alors je m'abstins de faire la remarque évidente – et un peu facile – qu'il avait en effet tout ce qu'il fallait en lui pour faire une sculpture, ou qu'il ne tarderait pas à l'avoir si on le laissait s'exprimer quelques jours de plus.

On mit à sa disposition de la pâte à modeler, au cas où l'envie le prendrait de s'essayer à quelque chose. Évidemment, à ce stade, nous n'entretenions pas d'attentes démesurées à son égard ; peut-être juste une panthère ou un petit général Sherman ; mais si ce devait être là son *métier*, au moins nous ne nous entendrions pas reprocher que sa carrière avait été brisée dans l'œuf parce qu'il avait été privé de pâte à modeler quand il était petit.

Sa première réalisation consista à obstruer la serrure de la salle de bains alors que j'étais dans la baignoire, ce qui m'obligea à sortir de la pièce en rampant sur le toit de la véranda et à rentrer par la fenêtre de la chambre d'amis. Il me semblait qu'il y avait peut-être un moyen d'éviter que ce genre de chose se répète sans étouffer son individualité. Mais Doris opposa un refus catégorique. Si l'on prenait dès maintenant des mesures disciplinaires, il grandirait en nourrissant un complexe à l'encontre de la pâte à modeler, et de moi – il pourrait même tenter d'épouser la tante Marian. Doris avait lu l'histoire d'un petit garçon qui avait été puni par son père pour avoir mis du savon sur les marches de la cave et, depuis ce jour, tout le restant de sa vie, chaque fois qu'il voyait du savon, il allait se coucher illico et rêvait qu'il se trouvait aux commandes d'un train fou habillé en Pierrot, ce qui signifiait, de toute évidence, qu'il nourrissait le désir refoulé de tuer son père.

J'avais tout de même l'impression que le risque valait peut-être la peine d'être pris si l'on parvenait à enseigner à Junior la nature fondamentalement antisociale de l'acte qui consistait à boucher les serrures avec de la pâte à modeler ; mais on ne fit rien en ce sens, excepté lui retirer la pâte à modeler pour la journée.

Le principal problème, cependant, se manifesta dans les relations de Junior avec d'autres enfants du voisinage, dont les parents n'étaient pas aussi éclairés que nous en matière d'éducation. Lorsque Junior prit, parmi nos jeunes pousses, la tête d'un mouvement déterminé à arracher les capucines des Hemming, ou lorsqu'il affirma sa personnalité en frappant la petite Leda Hemming sur le front avec un déplantoir, il se révéla impossible de faire comprendre à Mme Hemming que réprimander Junior reviendrait à écraser sa sacro-sainte individualité. Tout ce qu'elle faisait, c'était répéter sans arrêt : « Mais regardez-moi ces capucines ! » Par conséquent, on suggéra apparemment aux enfants Hemming que ce serait aussi bien s'ils ne jouaient pas autant avec Junior.

Ce matin, pourtant, l'affaire s'est réglée d'elle-même. Alors qu'il s'exprimait avec de la pâte à modeler dans sa chambre, Junior est parvenu à mouler un masque tout à fait remarquable sur la petite fille de Mme Deemster, âgée de quatorze mois, qui était venue passer la matinée avec lui. Elle a eu un peu de mal à respirer, mais le masque était vraiment réussi. Mme Deemster, toutefois, n'a pas du tout saisi l'esprit de la chose et, après avoir dégagé la fillette, s'est expliquée en aparté avec Doris. Il a été décidé que Junior était peut-être trop jeune pour commencer sa carrière sans aucun guide.

Je crois d'ailleurs que c'est Junior que vous pouvez entendre hurler en ce moment même.

## *Quand l'État joue les papas*

Je suis prêt à soutenir l'extrême gauche sur la plupart de ses propositions en faveur du progrès social. Mais il y a dans son programme un point que je ne peux absolument pas cautionner. Il s'agit de l'idée de faire élever les enfants par l'État. Je crois que l'État ne réalise pas vraiment ce à quoi il s'expose.

D'accord, un grand nombre de mères et de pères sont incapables d'élever des enfants au-delà du stade où ceux-ci arrêtent de baver, et la plupart des crimes et des problèmes sociaux actuels sont, selon toute probabilité, la faute de parents qui ont acheté des vêtements de taille dix ans à des garçons âgés de quatorze. Mais, même si l'État fonctionnait à la perfection, je ne vois pas où pourrait mener sa tentative d'éduquer les enfants, sinon au chaos. De toute façon, je ne vois pas où peut mener *toute* tentative pour éduquer les enfants, sinon au chaos.

Supposons – juste histoire de nous rendre dingues – que tous les enfants soient enlevés à leurs parents à l'âge de deux ans, qui est à peu près celui auquel on devrait les inciter à s'exprimer par eux-mêmes, selon les éducateurs modernes, que les enfants le veuillent ou non (« Bon, Henry Martin Manning Junior, monte tout de suite t'exprimer à l'étage avant de venir à table ! »). Les enfants de deux ans, une fois expédiés avec armes et bagages au Département fédéral des garderies et de l'éducation enfantine, sont enregistrés et classés sous la rubrique « Problèmes ». Car, en prenant en charge les enfants, l'État va devoir cesser de s'occuper des problèmes annexes de budgets, de déficits, ou même de contre-révolutions. Les gamins lui prendront quasiment tout son temps.

Par exemple, examinons la question du bain. Le président de la Commission fédérale des bains devra être un type sacrément costaud, qui n'a pas peur de se mouiller en personne. Il ne sera pas capable de garder ses assistants bien longtemps, à moins d'instaurer une véritable dictature. Donner un bain à un enfant de trois ans est un boulot dont la plupart des gouvernements préféreraient ne pas avoir à se charger. Un simple coup d'œil au premier rapport annuel de la Commission fédérale des bains révélera les constatations suivantes :

> Étant donné nos moyens limités et les difficultés que nous avons rencontrées pour recruter un personnel compétent, le bilan du département pour cette année est assez médiocre. Voici les résultats sur un total de 14 395 enfants à qui l'on a tenté de faire prendre un bain. Bains menés à leur terme : 75. Fonctionnaires blessés par glissade et heurt du menton sur le rebord de la baignoire : 8 390. Fonctionnaires trempés : 14 395. Fonctionnaires noyés : 11.
>
> Si ce travail doit être poursuivi l'année prochaine, l'acquisition d'un tout nouvel équipement est indispensable, comprenant des coudières et des genouillères pour les employés, ainsi que des modèles de serviettes de bain plus larges et plus efficaces. Au cas où ces crédits supplémentaires ne pourraient être alloués au département, l'avis du président est d'abandonner le projet dans son ensemble. (D'ailleurs, quelle que soit la décision, le président vous informe de sa démission.)

Bien sûr, la gestion du projet global devra être divisée en différents sous-comités, et il y aura suffisamment de travail, croyez-moi, pour créer un sous-comité entièrement chargé de ramasser les jouets et les cuillers jetés par terre par des enfants juchés sur des chaises hautes. Voilà un autre comité dans lequel je n'aimerais pas être nommé. Pourtant, il faudra bien que *quelqu'un* les ramasse, vraisemblablement l'État. Nous devrions probablement en arriver à une situation où le responsable du ramassage des hochets tombés sur le sol se débarrassera de cette tâche en la confiant à un subordonné, qui la refilera à quelqu'un d'autre, avec pour conséquence que le hochet restera par terre à côté de la chaise haute et que l'enfant piquera une crise. Elle aura bonne mine, l'autorité de l'État, surtout si tout un tas d'enfants piquent une crise en même temps !

Cet engagement politique d'élever les enfants rendra le parti au pouvoir très vulnérable à chaque nouvelle échéance électorale. Le candidat anticommuniste, s'exprimant devant un groupe de parents furieux au coin de la rue, aura beau jeu de dire :

« Et pire encore, chers électeurs de la huitième circonscription, quelle sorte d'enfants nos amis sont-ils en train de former ? Je vais vous le dire. J'ai eu l'occasion il y a peu d'inviter à dîner chez moi l'une de ces pupilles de l'État, et je peux vous assurer que je n'avais jamais vu de ma vie un petit morveux aussi malpoli. Je ne comprends vraiment pas où veulent en venir ses tuteurs en le laissant faire tout et n'importe quoi sans lui inculquer la moindre discipline. Il avait les mains sales, il ne répondait pas quand on lui parlait et, comme je n'ai pas manqué de le dire à ma femme, si ç'avait été un de mes enfants, je l'aurais coincé sur mes genoux et lui aurais administré une bonne correction. Si ces femmes de la Garderie fédérale passaient un peu moins de temps à jouer au bridge et un peu plus à s'occuper de leurs enfants – de nos enfants –, nous n'aurions pas autant de petites pestes effrontées qui deviennent en grandissant d'incontrôlables voyous. Cette situation doit cesser sur-le-champ ! »

Mais peut-être ferait-on aussi bien, après tout, de *laisser* le premier gouvernement communiste s'occuper des gosses, en se contentant d'attendre tranquillement. Les parents ne tarderaient pas à recevoir des coups de fil et à être bombardés de questions : « Comment faisiez-vous pour qu'Albert mange ses petits pois ? » Ou bien : « Nous n'arrivons apparemment pas à convaincre Marianne d'abandonner cette habitude qu'elle a de tirer la langue à nos agents en disant : "Nya-a-aya !" Avez-vous déjà eu ce genre de problème avec elle ? »

Dans l'état actuel des choses, les représentants de l'État ne sont déjà pas franchement efficaces. Ils ont bien du mal à s'en sortir avec les routes et se révèlent incapables de faire respecter les lois sur la prohibition de l'alcool. Je doute fort que les choses marchent mieux pour élever des enfants ; et puis, ça leur coûterait une jolie petite fortune rien qu'en pièces de monnaie pour jouer aux machines à sous et à la caisse enregistreuse.

## *Il dit quoi, le chien-chien ?*

Un poisson rouge bien connu s'est un jour plaint d'avoir aussi peu d'intimité que le célèbre auteur Irvin Cobb, mais je suis prêt à parier que l'être humain le plus surveillé, palpé et analysé sous toutes ses facettes dans ce pays est l'enfant de trois ans. Un enfant de trois ans ne peut pas porter son petit poing potelé à la bouche pour en retirer un morceau de tapis à moitié mâchouillé sans faire aussitôt l'objet d'un séminaire psychologique de spécialistes de la protection de l'enfance, suivi d'une étude publique, en compagnie de cinq cents autres enfants de trois ans qui ont mis la main à leur bouche pour une raison ou une autre, intitulée : *Le ratio du suçage de pouce chez les enfants d'âge préscolaire et sa relation avec la mastication des tapis.*

Or voilà qu'ils se sont mis en tête de découvrir pourquoi les enfants disent « Non ! » quand maman leur demande de montrer à la gentille Mme Kalbfleisch ce que dit la meuh-meuh. Jusqu'à présent, lorsqu'un enfant répliquait « Non ! » à ce genre de demande, on pensait simplement que c'était la seule réponse qui s'imposait. Pourquoi, sous prétexte qu'elle n'a que deux ans, une personne devrait-elle se sentir obligée de montrer à Mme Kalbfleisch ce que dit la meuh-meuh ? C'est un mystère que n'importe quel observateur sensé a bien du mal à percer.

Qui ne répliquerait pas « Non ! » – et assez sèchement encore – si on lui demandait de faire « Meuh ! » à Mme Kalbfleisch ? Alors qu'y a-t-il d'étrange à ce qu'un enfant réagisse de même ?

Mais les gens de la protection de l'enfance semblent penser que ce sujet doit être creusé. Ils ont sélectionné un panel d'enfants âgés de dix-huit à quarante-huit mois (qui ont d'ailleurs dû être assez fâchés qu'on les arrache à leur tas de sable favori, uniquement pour répondre à une série de questions) et les ont soumis, d'après le rapport, à « 2 352 tests de nature verbale et 2057 requérant une réaction physique ». Un tel examen a dû s'éterniser sur une bonne partie de l'après-midi et je subodore que, vers les quatre heures et demie, ça devait bouder et râler de tous les côtés, y compris parmi les examinateurs. Si c'était moi qui m'étais retrouvé sur le gril, je sais d'avance quelle aurait été l'une de mes 2 057 réactions physiques, et elle aurait atterri au beau milieu de la figure de quelqu'un.

« Dans chaque cas, précise le rapport, la résistance de l'enfant face au test était soigneusement consignée selon quatre critères. Certains enfants ont purement et simplement ignoré la question. » (Ces enfants-là iront loin. Ce sont eux les grands espoirs de la future génération.) « D'autres ont manifesté verbalement leur réticence en criant de manière résolue : "Je vous le dirai pas !" » (C'est une catégorie d'enfants plus émotifs ; ils sont sur la bonne voie, mais gaspillent trop d'énergie à vouloir imposer leur point de vue. On devrait leur conseiller d'observer ceux qui ignorent carrément la question et de suivre leur exemple.) « Un troisième groupe a résisté physiquement en s'enfuyant de la pièce ou en se réfugiant dans un coin. » (C'est ainsi que j'aurais personnellement réagi, enfant, ou même encore aujourd'hui d'ailleurs, mais c'est un trait de caractère qui ne m'a mené nulle part, car tôt ou tard il faut bien revenir, et alors ils remettent ça avec leurs questions.) « D'autres encore ont exprimé leur incapacité à répondre en pleurnichant "Je ne peux pas" ou "Je ne sais pas". » (Ces enfants ont probablement menti, mais c'est une assez bonne manière de s'en sortir. Certes, vous y gagnez une réputation de gosse stupide, mais au bout d'un moment on vous fiche la paix.) À mon avis, les meilleures méthodes sont la première et la dernière, c'est-à-dire soit ignorer la question, soit répondre « Je ne sais pas ». Si vous dites « Je ne veux pas », ou si vous courez vous réfugier dans un coin, cela ne fera qu'encourager les examinateurs.

Voici en quoi consistaient certains de ces tests : emboîter des formes géométriques dans un casier spécialement conçu à cet effet (« Je ne peux pas » serait ma réponse immédiate) ; fixer des membres sur le corps d'un mannequin ; enfoncer des bidules carrés ou ronds sur un tableau perforé ; obéir à des ordres comme « Tiens-toi sur le pied gauche » ou « Croise les pieds » (à ignorer, à moins que l'examinateur n'ajoute « s'il te plaît ») ; se reconnaître dans un miroir (ce qui offre une formidable occasion de se payer la tête de l'examinateur, en répondant « Je n'ai jamais vu cette personne de ma vie », sans plus en démordre) ; empiler des cubes (bah, tant pis ! on peut au moins leur faire ce plaisir) ; et répondre aux questions suivantes : « Il dit quoi, le chien-chien ? » et « C'est qui qui fait meuh ? ». À la question « C'est qui qui fait meuh ? », vous pouvez toujours répondre, histoire de plaisanter, que le meuh est l'ennemi du bien. Cette réponse plongera l'examinateur dans la perplexité et le découragera peut-être suffisamment pour qu'il jette l'éponge et rentre chez lui.

Des questions telles que « Il dit quoi, le chien-chien ? » et « Elle dit quoi, la meuh-meuh ? » sont du même ordre et doivent donc être traitées pareillement. En premier lieu, tout enfant qui se respecte exigera que la question soit reformulée, en utilisant « chien » à la place de « chien-chien » et « vache » au lieu de « meuh-meuh ». Simple question de respect. Puis, s'il faut absolument donner une réponse (ce que je ne recommande pas), elle devra être délivrée, sur un ton ouvertement méprisant, en ces termes : « Un chien ne peut rien *dire*. Il aboie, si c'est ce à quoi vous pensiez. »

Puisque, à cet âge, l'enfant est en phase d'acquisition du langage, on pourrait supposer qu'il est censé apprendre à parler d'une manière qui lui servira encore pour les années à venir, sinon on ne lui enseignerait qu'à faire des gazouillis et des bruits de gorge, ou des phrases comme « gloub-gloub ». Or il est tout de même peu probable qu'il tienne à savoir dire « ouah-ouah » dans une conversation ordinaire d'adulte, à moins qu'il ne prévoie de devenir imitateur ou gros buveur quand il sera grand. Alors pourquoi s'obstiner à lui faire dire « ouah-ouah » en réponse à la question sur les chiens, d'autant plus que ce n'est même pas le bruit que font les chiens de toute façon ? Aucun enfant ne devrait permettre qu'on le tourne ainsi en ridicule.

Pour ma part, c'est un tout jeune bambin

qui m'a fait comprendre à quel point ce système était faussé : il a pris l'initiative de me ridiculiser avant même que j'aie commencé à le faire de mon propre chef. Quand je lui demandais ce que disait le chien, il me répondait : « Meu-euh » et, si j'avais le malheur d'insister, il passait à « tût-tût » ou « tic-tac ».

J'ai d'abord pensé que j'avais un parfait idiot sur les bras, ce qui n'a pas manqué de me causer du souci. Puis, un jour, quand j'ai eu droit à « ouah-ouah » en réponse à la question sur ce que fait le « petit train tchou-tchou », j'ai détecté une petite étincelle, avec une pointe de dédain, dans l'œil de l'enfant. Lorsqu'il s'est éloigné, d'une démarche un tantinet instable, je suis certain d'avoir entendu un rire rauque, guttural – assez proche de celui de la chèvre. J'ai alors cessé de lui demander d'imiter des animaux et des machines, et je l'ai emmené voir des matchs. Depuis, une tierce personne m'a rapporté qu'il savait parfaitement ce qu'il faisait et qu'il avait même projeté de me jeter des trucs à la figure si j'avais persévéré dans cette voie.

Enfin, c'est ce que *moi* je dirais à l'Institut

pour le développement de l'enfance. Selon les conclusions qu'eux-mêmes ont tirées de leurs recherches, on a demandé aux enfants de faire tellement de choses tout au long de la journée, accompagnées en général d'un « Allez, petit. Fais-moi plaisir », ou en demandant de « dire s'il vous plaît » ou de « dire merci », qu'ils ont simplement fini par en avoir marre de toutes ces idioties et qu'ils ont refusé de faire quoi que ce soit. Ou, pour citer les termes du rapport, « un total de 161 refus a été comptabilisé… À la question spécifique : “Comment tu t'appelles ?”, 9 % des sujets ont refusé de répondre, sans doute à cause de l'expérience préalable de l'enfant, à qui des adultes bien intentionnés demandent son nom en toute occasion, ce qui l'a déjà conditionné négativement à l'égard de cette question ».

Même si l'énoncé qui précède est quelque peu formel, il ne manque pas de justesse. Le rapport dit « conditionné négativement » par cette question au lieu de « dégoûté à vie », mais le sens est le même. Parfois, j'aimerais réunir un groupe d'enfants afin qu'ils posent tout un tas de questions idiotes à des adultes, pris séparément, comme « Comment tu t'appelles ? » et « Il dit quoi, le bo-boss ? », juste pour voir combien de temps s'écoulerait avant que les adultes craquent et piquent une crise de nerfs, ou, comme moi, courent se terrer dans un coin. Nous pourrions alors repartir de zéro, sur des bases saines, autrement dit : vivre et laisser vivre.

## *Le voyage en wagon d'enfants*

Aux États-Unis, il existe deux classes pour voyager en train : la première classe, et celle avec des enfants. Voyager avec des enfants équivaut grosso modo à voyager en troisième classe en Bulgarie. Il paraît qu'il n'existe aucune catégorie au monde inférieure à la troisième classe des chemins de fer bulgares.

Lorsqu'on voyage avec des bambins, l'inconfort physique n'est en réalité pas si terrible, même si l'on sort de là avec l'air hagard du type qui vient de monter tout seul un piano à l'étage. C'est bien plutôt l'usure mentale qui vous porte un coup et, pour un homme sensible, il n'y a rien de pire – si ce n'est peut-être un mariage à l'église dans lequel il tiendrait le premier rôle comique.

Il existe plusieurs niveaux de difficulté dans

l'épreuve qui consiste à « prendre le tchou-tchou », mais il n'est pas aisé de déterminer lequel est le plus pénible. Ceux qui ont pris le train en compagnie d'un nouveau-né prétendent que cette expérience soutient la comparaison, en termes de plaisir, avec la dévitalisation d'un nerf dentaire. Pour leur part, ceux dont les petits compagnons ont atteint l'âge de gambader se contentent de rire des plaintes du premier groupe. Vous pouvez aussi tomber sur un homme qui voyage *à la fois* avec un bébé et un petit enfant remuant. On devrait saluer un citoyen de cette trempe d'une salve d'honneur de vingt et un coups de fusil chaque fois qu'il entre en ville et l'autoriser à revêtir l'insigne du *Pater dolorosa*, ce qui lui donnerait le droit de faire l'aumône sur le parvis des cathédrales.

Il y aurait beaucoup à dire en faveur de la théorie, défendue par certains, selon laquelle il vaudrait mieux laisser s'éteindre l'espèce humaine que permettre à des bébés d'être transportés d'un endroit à un autre en empruntant nos voies de circulation nationales. Bon, il y a tout de même des moments où les bébés dorment. (Bien sûr qu'il y en a ! Il *doit* bien y en avoir !...) Mais, pour votre enfant de quatre ans, le voyage n'est qu'une cavalcade quasi ininterrompue pendant dix ou douze heures d'affilée. Vous pouvez aussi rencontrer de sérieux problèmes pour faire s'assoupir votre bébé, car le vendeur de journaux, à l'affût dans le couloir, guette les premiers signes d'endormissement sur son visage avant d'entrer dans le wagon en s'écriant à pleins poumons : « Magazine *Life*, dernière édition ! » juste à côté de ses délicates oreilles roses. Certes, une fois qu'il s'est endormi pour de bon, vos ennuis sont enfin réglés, sauf qu'il vous reste encore à trouver un moyen de changer la position de votre bras, en voie d'ossification, sans perturber son précieux fardeau.

Cependant, si l'enfant a atteint un âge où il nie l'existence même du sommeil, préférant parcourir l'allée centrale de long en large plutôt que rester assis à sa place (l'avantage d'un bébé, c'est qu'il ne peut pas sortir de son siège, à moins de tomber – auquel cas il ne risque pas d'aller bien loin), alors chaque minute du voyage sera riche en distractions. Sur l'ensemble de ces cas de figure, ayant personnellement voyagé en compagnie d'enfants de tous âges, je serais enclin à décerner le pompon à l'homme qui parvient jusqu'à bon port en compagnie d'un garçon de… disons trois ans.

Tout d'abord, gardez bien en tête que vous allez devoir composer avec l'hostilité manifeste des deux tiers des autres occupants du compartiment. Vous le constatez à mesure qu'ils entrent dans le wagon, aux regards qu'ils vous jettent, à vous et à votre progéniture – des regards qui ne cherchent guère à dissimuler le fait qu'ils regrettent déjà de ne pas avoir attendu le train de seize heures. Sur la banquette opposée se trouve un gros bonhomme qui, dans sa ville natale, doit avoir la réputation de dévorer les petits enfants. Il porte une lourde chaîne de montre en or et compte visiblement profiter du trajet pour étudier un nombre considérable de dossiers. Il est à peu près aussi ravi de se retrouver assis juste en face d'un petit garçon que si c'était un orgue de Barbarie.

À l'opposé de vous est installée une dame en robe de soie noire qui n'aime pas le garçon de wagon. Les dames en robe de soie noire semblent toujours monter dans le train avec une aversion flagrante envers le garçon de wagon. À la base, le seul fait de se retrouver dans le même compartiment que le garçon de wagon la rend irritable et, lorsqu'elle découvre en face d'elle un enfant de trois ans qui est déjà en train de manger (vous êtes forcé de lui donner un bonbon au citron afin qu'il se tienne tranquille au moins jusqu'au départ du train), elle décide que la meilleure conduite à adopter est de l'ignorer purement et simplement, sans manifester le moindre signe qui l'inciterait à se montrer amical. Logiquement, l'enfant jette aussitôt son dévolu sur elle et la choisit comme camarade de jeu.

Pendant la période qui suit, tout ce que vous avez à faire, c'est de répondre à des questions sur le paysage qui défile. Lorsque vous avez des enfants, il faut vous y attendre, et, où que vous vous trouviez, vous n'y couperez pas. Vous pouvez toujours dire que vous ne savez pas qui vit dans cette maison, ni ce qu'est en train de faire cette vache. Parfois, vous n'avez même pas besoin de lever les yeux pour répondre que vous n'en savez rien. Cette partie du voyage est relativement facile.

La véritable mise à l'épreuve débute avec la première crise migratoire. Soudain, vous jetez un coup d'œil et découvrez que l'enfant est en train de parcourir l'allée d'un pas trébuchant, en s'arrêtant pour scruter les visages des gens qu'il croise.

– Roger ! Veux-tu bien revenir ici ! vous écriez-vous tout en vous lançant à sa poursuite et en atterrissant sur les genoux de la jeune dame deux rangées plus loin.

Roger interprète cet appel comme le signal d'un jeu et se met à courir en riant à gorge déployée. Après quatre pas seulement, il se ramasse de tout son long et commence à pleurer.

Tout en portant le gamin, qui se débat, pour le ramener à sa place, vous lui dites qu'il ne doit plus courir dans l'allée. Même Roger trouve ridicule cette consigne dont le ton péremptoire tombe totalement à plat. Bien sûr qu'il ne va pas tarder à se remettre à courir dans l'allée – vous le savez aussi bien que lui. En attendant, toutefois, il consent de bonne grâce à passer un peu de temps avec la dame en robe de soie noire.

– Voyons, Roger, dites-vous, n'embête pas la dame.

– Bonjour, petit garçon, dit nerveusement la dame, en faisant mine de se replonger dans son livre.

En ce qui la concerne, l'entretien est terminé. Cependant Roger pense que ce serait chouette de grimper sur ses genoux. Initiative qu'il faut bien sûr stopper net en chuchotant quelques remontrances.

Il annonce alors qu'il doit se rendre de toute urgence aux cabinets. Vous descendez donc toute l'allée en le tenant par les épaules devant vous, titubant avec lui chaque fois que le train prend un tournant, attirant du même coup l'attention générale sur l'objectif évident de votre excursion. Quelques personnes bienveillantes vous adressent un sourire entendu et tentent de donner une tape amicale sur la tête de l'enfant, mais voient leurs avances repoussées, car il est de règle chez tous les enfants de regarder d'un œil défavorable les attentions que leur prodiguent des étrangers.

Les seules personnes avec lesquelles ils consentent à jouer sont celles qui détestent les enfants.

En arrivant enfin aux toilettes, vous découvrez que le garçon de wagon a verrouillé la porte et emporté la clé avec lui, dans un geste de pure méchanceté. Ce qui pose un nouveau problème. Vous expliquez la situation du mieux que vous pouvez à Roger, ce qui se révèle loin d'être suffisant. Vous voyez poindre tous les signes précurseurs d'une grosse crise de larmes, peut-être pire encore. Vous attirez son attention sur la pancarte publicitaire pour l'antirouille Burrows devant laquelle le train passe et restez debout dans le couloir, à côté du chariot de rafraîchissements, en vous efforçant fébrilement de trouver dans le paysage qui défile d'autres choses susceptibles de détourner son attention de la présente tragédie. Cette tâche vous absorbe tellement qu'il se passe un bon moment avant que vous ne vous rendiez compte que vous bloquez complètement le couloir et le passage à une bonne quinzaine de personnes qui veulent descendre à Utica. Il ne vous reste alors plus qu'à prendre la tête de la procession et à descendre en premier.

Une fois à l'air libre, l'objet de votre orgueil paternel, futur soutien de vos vieux jours, décide de rendre une petite visite au conducteur du train et file à toute allure sur le quai. Cette course-poursuite a l'avantage de distraire les autres voyageurs et de vous obliger à prendre un peu d'exercice après avoir passé toute la matinée à l'étroit dans le wagon. Le danger imminent de voir le train repartir sans vous ne fait que rendre la situation plus amusante. Après tout, il pourrait vous arriver pire que de rester en rade à Utica : par exemple, remonter dans le train et vous retrouver face au vieux monsieur avec la grosse chaîne de montre en or.

Cependant, la phase ultime de l'épreuve est encore à venir, lorsque vous vous frayez un chemin (et celui de Roger) vers le wagon-restaurant. La progression chaloupée dans l'allée est en effet six fois plus longue (le wagon-restaurant n'est jamais situé à moins de six voitures de la vôtre, et en général dans une autre rame). Sur le trajet, Roger aperçoit une boîte de biscuits en forme d'animaux appartenant à une petite fille et la réquisitionne. La petite fille, qui tente de défendre son bien, est promptement jetée à terre, déclenchant ce qui s'annonce comme une bagarre générale entre les deux familles. Après vous être confondu en excuses, vous reprenez votre marche vacillante, marquée seulement par une série d'attaques gratuites de Roger sur des voyageurs endormis et de dérobades tout aussi injustifiées devant les amabilités de gens bien intentionnés qui aiment les enfants.

Une fois dans le wagon-restaurant, il apparaît que le menu le plus proche des habitudes alimentaires de Roger, ce sont les côtelettes de veau, même si vous doutez fortement que sa mère l'approuverait. Tous les autres plats contiennent du poivre ou des sardines. Or l'enfant s'entiche d'un curry d'agneau qu'on sert à la table d'à côté et réclame la même chose. Lorsque vous lui dites que c'est totalement hors de question et lui proposez à la place un verre de lait avec des biscuits, il se fâche et menace de jeter une fourchette à la tête du pasteur épiscopalien assis en face.

Vous tentez alors de l'allécher avec des toasts, en lui vantant les attraits des figues confites et de la crème, mais rien à faire : s'il n'a pas son curry d'agneau, il descend du train. Il ne se conduit pourtant pas comme ça à la maison. On louerait même plutôt sa docilité. On dirait que le voyage en train fait ressortir ce qu'il y a de pire en lui, tous ces traits de caractère cachés qu'il a hérités du côté maternel de la famille. Il ne vous reste alors plus qu'à déclarer :

– Bon, très bien, Roger. On va retourner à notre place *sans manger* aucune de ces bonnes choses.

Sur ces fermes paroles, vous l'entraînez hors du wagon-restaurant malgré ses protestations, en vous excusant au passage pour la scène auprès du maître d'hôtel, et vous envisagez de le balancer par la portière chaque fois que vous passez entre deux voitures.

À vrai dire, un de mes cousins avait emmené un jour ses trois jeunes enfants pour un voyage d'une journée entière, entre Philadelphie et Boston. C'était le jour le plus chaud de l'année, et mon cousin portait un complet en laine. À l'arrêt de Hartford, des gens ont remarqué qu'il n'avait plus avec lui que deux enfants. À Worcester, il ne lui en restait plus qu'un. Personne ne savait ce qu'il était advenu des deux autres – et personne ne le lui demanda. Il semblait préférable de ne pas chercher à savoir. Il arriva seul à Boston et n'expliqua jamais où étaient passés les bambins. Mais tout homme qui a déjà voyagé avec ses propres rejetons peut s'en faire une idée.

## *Votre garçon et son chien*

Des gens n'arrêtent pas de nous écrire pour demander : « Quel genre de chien devrais-je offrir à mon garçon ? », parfois même : « Quel genre de garçon devrais-je offrir à mon chien ? » Même si nous sommes toujours un peu surpris par ce genre de requête (nous vous rappelons que cette rubrique s'intitule « Le Coin des confitures et du jardinage »), nous répondons généralement la même chose aux deux types de questions : « Êtes-vous bien certain de vouloir faire l'un ou l'autre ? » Cette réponse a pour effet de les embrouiller, ce qui nous permet de gagner quelques minutes que nous pouvons consacrer à notre vrai travail.

Cependant la question du Garçon et du Chien n'est pas de celles qu'on peut écarter d'un revers de main. Il ne fait aucun doute que tout garçon normal et bien portant (si une telle chose existe encore en cette époque friande d'études pédiatriques) devrait avoir un chien à lui à un moment ou à un autre de sa vie – de préférence entre l'âge de quarante-cinq et cinquante ans. Offrez un chien à un garçon plus jeune et ses parents se trouveront dans l'obligation de faire leurs bagages pour aller s'installer sur le port, au Refuge du Marin, jusqu'à ce que le chien s'enfuie – ce qu'il ne manquera pas de faire dès qu'il verra passer un joli minois.

Mais un chien enseigne à un garçon la fidélité, la persévérance, et à tourner trois fois sur lui-même avant de se coucher – des valeurs ô combien importantes en ces temps troublés. De fait, aussitôt que vous prenez chez vous un chien qui, en plus de ces qualités, sait aussi quel est le bon moment pour acheter et vendre des actions, vous pouvez l'installer directement dans la chambre de votre garçon ; lui pourra se contenter de dormir dans la niche.

Lors de l'acquisition d'un chien pour un tout petit garçon, il faut faire attention à un ou deux points essentiels. D'abord, le chien doit être de ceux qui se détachent facilement en morceaux ou d'une race qui, une fois mouillée, devient pâteuse et extensible quand on l'étreint. Les teckels sont des chiens idéaux pour les jeunes enfants, car ils sont déjà étirés sur une longueur telle que l'enfant ne peut pas leur faire grand mal, quel que soit le bout par lequel il essaie. La longueur du teckel contrecarre aussi considérablement la manœuvre puérile favorite des petits garçons qui consiste à soulever les pattes postérieures du chien et à le faire avancer comme une brouette en gazouillant « Diddy-ap ! ». Un petit enfant qui essaie de soulever très haut les pattes postérieures d'un teckel se retrouvera immanquablement le cul par terre.

Avec les tout petits enfants qui aiment attraper les animaux par la taille pour les transporter dans le foyer de la cheminée, les mastiffs, les saint-bernard et les chiens-loups sont à déconseiller – enfin, si l'enfant a la moindre valeur à vos yeux. Le problème n'est pas que les grands chiens en particulier n'apprécient pas d'être portés par la taille et balancés dans la cheminée (en fait, plus le chien est petit, plus il se vexe facilement, ce qui est aussi souvent le cas des gens et des nations), mais, même si un mastiff fait tout ce qu'il peut pour aider l'enfant à le porter au niveau du diaphragme, il existe des questions de gravité incontournables qui rendent impossible de soulever ce poids sans que quelque chose se casse. Si l'on pouvait entraîner un chien à la lutte de sorte qu'il se débarrasse aussitôt de l'enfant, on économiserait énormément de temps et d'efforts.

Mais, comme nous l'avons suggéré plus haut, l'âge idéal d'un garçon pour avoir un chien se situe entre quarante-cinq et cinquante ans. À ce stade, le garçon devrait normalement avoir atteint sa pleine croissance et, à supposer qu'il y parvienne jamais, il devrait aussi plus ou moins savoir ce qu'il veut faire dans la vie. À cet âge, le chien sera un compagnon plutôt qu'un jouet et, si nécessaire, on pourra compter sur lui pour porter le garçon par la taille et le mettre au lit au cas où il s'endormirait au cours d'un dîner, d'une soirée feu de camp ou en toute autre occasion. On peut aussi compter sur le chien pour lui dire qu'il s'est rendu ridicule et a embarrassé tous ses amis. Une épouse ne saurait faire plus.

Le dressage du chien est une chose qui doit être laissée à la charge du garçon, car cela lui enseigne la responsabilité et l'habitue à exercer son autorité – ce sera probablement la seule fois où il aura la chance d'en faire usage. Si, par exemple, le chien persiste à suivre le garçon lorsqu'il sort de chez lui, même si celui-ci lui a ordonné à plusieurs reprises « Rentre à la maison ! », le garçon doit choisir entre deux options. Soit il ramène le chien à la maison et l'enferme à la cave, soit, autre possibilité, il peut renoncer à sortir et rester à la maison avec le chien. La seconde option est la meilleure, surtout si le chien est en voix ce jour-là et tend à hurler à en faire trembler la baraque.

Les avis ont toujours été divergents quant à savoir si un chien a ou non la capacité de penser. Personnellement, je ne doute pas une minute que le cerveau des chiens produise une activité mentale, même si la plupart du temps cette activité mérite à peine son nom. J'ai connu des chiens, en particulier des chiots, dont les réactions mentales étaient presque aussi stupides que celles des humains.

La seule raison pour laquelle les chiots ne

se fourrent pas dans plus d'ennuis qu'ils ne le font déjà (s'il y a *d'autres* ennuis dans lesquels les chiots ne se seraient pas encore fourrés), c'est parce qu'ils sont tout petits. Dans le cas d'un enfant, il ne faut pas s'attendre qu'il puisse tomber si lourdement, manger du cuir de chaussures si goulûment, ou vomir si nonchalamment qu'un chiot, car le volume d'un enfant est supérieur et les conséquences de tels actes seraient bien plus graves, en proportion exacte de sa taille et de son volume. Là où, par exemple, un chiot ne serait capable de dévorer que le bout d'une chaussure, un enfant pourrait très bien manger la chaussure entière – ce qui, étant donné les clous et le reste, ne serait pas une bonne idée.

Une des raisons pour lesquelles on crédite les chiens de pensées profondes, c'est la forme de leurs sourcils. Le regard d'un chien allongé devant un feu qui lève les yeux sur son maître pourra paraître attendrissant, désapprobateur, sage ou amusé, selon l'angle des sourcils dont l'a doté la nature.

Il est tout à fait possible, et même probable,

qu'il ne se passe rien du tout derrière ces sourcils. D'ailleurs, un chien hautement réputé pour sa sagacité m'a un jour confié que, la plupart du temps, alors qu'on pensait qu'il posait sur un humain un regard lourd de séculaires ruminations philosophiques, il était en réalité assoupi derrière ses larges sourcils broussailleux. « Je n'en revenais pas, m'a-t-il dit, quand j'ai découvert que les gens faisaient grand cas de ma sagesse et envisageaient même ma candidature à l'élection présidentielle. »

Ce qui, bien sûr, offre aussi une opportunité pour l'avenir de l'enfant. Dès que le garçon s'est fait une idée claire de l'homme qu'il voudrait être, il peut alors s'acheter des fils de soie et un flacon de gomme arabique pour se fabriquer une paire de sourcils adaptés au rôle : convergents vers le nez s'il veut être un juge ou un savant ; pointant vers le haut au coin des yeux s'il veut avoir l'air d'un homme soucieux, comme un agent de change par exemple ; relevés sur son front s'il cherche à simuler l'étonnement comme trait de sa personnalité ; en touffes rousses s'il veut incarner un Irlandais sur scène.

De cette manière, il sera peut-être capable de surmonter bien des difficultés, à l'instar de son copain le chien.

De toute façon, l'important, c'est d'offrir un chien au garçon ; on verra bien après ce qu'ils pourront apprendre l'un de l'autre. Vu la manière dont tourne la jeune génération à notre époque, il y a de bonnes chances pour que le chien se mette à fumer, à boire du gin et à porter un chapeau mou rabattu sur un œil.

## *Le théâtre des juniors*

*Latitude : 41,54 N.*
*Longitude : 58,27 O.*

La saison théâtrale de la Compagnie générale transatlantique française a débuté cet après-midi à quinze heures précises par un spectacle de Guignol. La pièce était jouée dans la Salle des enfants et s'est déroulée dans une ambiance de gala, hormis pour une petite fille qui a eu très peur et qu'on a dû faire sortir. Elle était de toute façon bien trop jeune pour assister à cette pièce, et il faut espérer que la saison de Guignol ne sera pas mal accueillie sur le navire à cause de cette seule petite critique isolée qui est partie avant la fin.

Les Français s'autorisent beaucoup plus de licence que les Américains dans leurs versions du théâtre de Guignol (comme ils le font aussi avec tant d'autres plaisirs de la vie) et ne se sentent pas obligés de coller toujours à la même vieille intrigue. En fait, les personnages de Guignol et de Madelon n'apparaissent même pas du tout dans le programme d'ouverture. La seule touche familière était la pendaison à la fin, sans doute laissée comme une concession à la sentimentalité du public.

Le programme consistait en deux pièces – une première partie intitulée *La Bonne Chance de M. Mouton*, suivie d'un mélodrame criminel réaliste intitulé *Le Voleur* (rien à voir avec la pièce homonyme de Bernstein). Les deux pièces étaient des créations entièrement originales et traitaient de deux des aspects les plus sordides de la vie parisienne. On pourrait presque le leur reprocher en arguant que, si des personnages aussi vils existent incontestablement dans la vie réelle, les gens ne vont pas au théâtre pour les y retrouver. Cependant, il n'est pas dans les habitudes de notre rubrique d'ergoter sur le sujet d'une pièce, et nous n'allons certainement pas nous y mettre maintenant, en tout cas pas au beau milieu de l'océan.

La première pièce, *La Bonne Chance de M. Mouton*, n'appelle guère de longs commentaires. Elle fut accueillie avec une franche indifférence par les spectateurs de cette première représentation de l'après-midi, ce qui était amplement mérité. Un interminable dialogue d'exposition, entre M. Mouton et un personnage qui se révéla être une espèce de Chinois, ennuya profondément les spectateurs ; il y eut beaucoup d'agitation parmi les membres les plus jeunes de l'assistance (ceux qui étaient âgés de trois à quatre ans), et un brouhaha ininterrompu de conversations et d'éclats de voix de la part des parents et des bonnes d'enfants. Il fallut attendre que M. Mouton (incarné par une marionnette des plus banales, excepté sa taille supérieure au reste de la troupe) se mette à battre sa femme pour que le public manifeste les premiers signes d'intérêt pour ce qui se passait sur scène.

Cet accès soudain de sadisme de la part de M. Mouton ne manqua pas de surprendre, car cet homme avait plutôt semblé féru de dialectique jusqu'à ce point de la pièce, en plus d'avoir largement dépassé les soixante-dix ans.

Mais, de toute évidence, Mme Mouton devait être le type même de femme qui lui tapait sur les nerfs, car il la cogna jusqu'à lui faire perdre connaissance et la balança derrière la maison, sans motif particulier. Nous sommes au regret de rapporter que cette brutalité plut énormément aux spectateurs, qui en redemandèrent sans vergogne.

*Le Voleur* nous a paru prodiguer plus de cette gaieté qu'on associe généralement aux Français, même si, là encore, il nous faut signaler que les marionnettes françaises se tapèrent dessus avec une violence excessive et révélèrent même une certaine férocité en s'acharnant à rouer de coups leur victime alors qu'elle était visiblement déjà inconsciente, ce qui désavoue quelque peu l'allégresse qu'on est en droit d'attendre d'une comédie.

L'intrigue du *Voleur* tient en quelques lignes – ou aucune, si l'on n'y tient pas. Une dame n'arrête pas de sortir des meubles sur le trottoir devant sa maison (soit la raison de son comportement n'est pas explicitée dans le texte de la pièce, soit mon français n'est plus ce qu'il était), meubles qui sont tous volés un à un par un homme à l'air méchant aussitôt qu'elle rentre dans la maison pour aller chercher le suivant. Un piano, une table, un buffet, enfin un lit sont ainsi dérobés successivement juste sous ses yeux, et un gendarme appelé chaque fois à l'aide se révèle pire que nul, car il boit. Jusque-là, toute cette histoire n'est pas très crédible, mais elle provoque chez les spectateurs des fous rires et trouve donc une justification en offrant apparemment au public ce qu'il attend.

Le voleur est finalement appréhendé grâce à un stratagème (on nous a demandé de ne pas révéler la fin de l'intrigue) et se prend une bonne bastonnade à la française, jusqu'à ce que sa tête pendouille, toute flasque, sur le bord de l'avant-scène, après quoi on lui flanque encore quelques gnons pour faire bonne mesure. Puis, afin de s'assurer doublement qu'il ne menacera plus la société, on le pend à un gibet, enfin le juge et le gendarme s'en vont avec son cercueil, en dansant et en chantant *Auprès de ma blonde.*

Si nous nous sommes à ce point penchés sur les détails de cette intrigue, c'est parce qu'elle semble indiquer chez les dramaturges français une tendance à suivre l'influence de la surenchère tragique chère à Eugene O'Neill. Ce n'est pas un meuble qui est volé, mais quatre, chaque fois plus grand que le précédent. Ce n'est pas une beigne dans le pif, mais huit. Le protagoniste du drame est non seulement tué à coups de bâton, mais il est aussi pendu. C'est la Vie qui se referme ainsi sur lui. C'est sa Vérité et sa Beauté.

Incidemment, nous souhaiterions juste faire une réclamation concernant l'équipement de la Salle des enfants. Les chaises sont terriblement petites pour un spectateur mesurant un mètre quatre-vingts et ont une fâcheuse tendance à basculer quand le navire bouge.

## *Les jeux éducatifs d'oncle Calvin*

> « Il y a un temps pour travailler et un temps pour jouer. Mais, même en jouant, il est possible de cultiver l'art de bien faire. Les jeux servent à exercer l'œil, la main et les muscles, et apprennent à mieux coordonner son corps et son esprit. Bien utilisés, au lieu de n'être qu'une perte de temps, les jeux deviennent ainsi un outil d'éducation. »
>
> *Message de Noël du président Calvin Coolidge aux petits garçons et aux petites filles de la nation.*

Et maintenant, approchez, les garçons et les filles, c'est la récréation ! Vous avez *travaillé* bien assez dur pour aujourd'hui, alors oncle Calvin va vous apprendre des jeux super chouettes, histoire de balayer ces toiles d'araignées dans vos petites cervelles. C'est la récré ! C'est la récré !

Mais, avant tout, nous devons tous nous rappeler que jouer est en soi une perte de temps. Et qui se souvient de ce que nous avons appris hier sur le « temps perdu » ? Le garçon ou la fille qui perd du temps, ou n'importe quoi d'autre d'ailleurs, est aussi vilain que le garçon ou la fille qui vole, car, après tout, perdre c'est comme voler, non ? Donc jouer pour le simple plaisir de jouer, c'est voler du temps qui appartient de droit à nos parents, nos maîtres et notre pays. Et on n'aimerait pas qu'on nous traite de *voleurs*, n'est-ce pas ?

Alors les jeux qu'oncle Calvin va nous apprendre sont des jeux qui nous seront bénéfiques d'une manière ou d'une autre. Pendant que nous y jouerons, nous devrons du même coup exercer nos yeux, nos mains et nos esprits à devenir plus efficaces. Et, tout en y jouant, nous ne devrons pas oublier de nous demander : « Cela me fait-il progresser ? Ou suis-je en train de perdre du temps que je devrais consacrer à mes leçons, à mes devoirs ou à ma patrie ? »

Le premier jeu auquel nous allons jouer s'appelle :

## L'ŒIL DE L'ESPION

C'est un jeu très, très rigolo – et bon pour vos yeux aussi. Les garçons s'alignent d'un côté, et les filles de l'autre. Bon, maintenant, oncle Calvin va monter sur l'estrade et inscrire sur le tableau tout plein de nombres minuscules, des problèmes de calcul de pourcentages, et nous allons voir qui sera capable de déchiffrer et de résoudre les problèmes le plus rapidement – les garçons ou les filles. Allons, les garçons, vous ne voudriez quand même pas que les filles vous battent, hein ? C'est bon... vous êtes prêts... *partez !*

À présent, nous allons jouer à un jeu épatant qui s'appelle :

## ESSUIE, TOM, ESSUIE

Nous devons faire attention, en jouant à ce jeu, de ne pas trop nous échauffer et nous exciter, car c'est *vraiment* un jeu pour exercer nos mains. Trois filles vont venir se mettre ici devant l'évier, et trois garçons vont s'aligner derrière elles, entre l'évier et la table. Maintenant, chaque garçon prend une serviette toute propre, et chaque fille un petit baquet rempli d'eau chaude et d'assiettes sales. Le jeu sera de voir quelle fille, assistée de son partenaire masculin, parviendra à laver et à essuyer ses assiettes la première. Au fur et à mesure qu'elle lave chaque assiette, elle la passe au garçon à la serviette et, une fois qu'il l'a essuyée, il la pose sur la table. Vous devez faire très attention en passant les assiettes de ne pas les laisser tomber. C'est justement ce qui est excitant dans ce jeu. Parce que, si vous laissez tomber une assiette et qu'elle se casse, oncle Calvin vous flanquera une bonne raclée… Et on arrête de ricaner bêtement, Walter Pearson ! Est-ce que vous voyez oncle Calvin ricaner, hein ? Vous êtes tous prêts ?… Alors… *c'est parti !*

Et maintenant, pour notre dernier jeu, nous avons une surprise pour vous. Ce jeu s'appelle :

## LE JEU DE L'IMPRIMEUR

Et voyez-vous ça : vous allez apporter votre aide au gouvernement de ce grand pays que nous aimons tous tellement ! Nous allons jouer à un jeu appelé la « composition » et, quand nous aurons fini, nous découvrirons non seulement que nous nous sommes beaucoup amusés, mais aussi que nous avons permis au gouvernement d'économiser des milliers et des milliers de dollars. Voici à présent les règles de ce jeu.

Chaque enfant apporte sa petite tirelire à oncle Calvin et, avec ce qu'il trouvera dedans, oncle Calvin achètera une boîte de caractères de plomb et un châssis pour chacun d'entre vous. Ensuite, vous irez vous poster devant une sorte de grand bureau et vous prendrez une feuille de papier qu'oncle Calvin vous distribuera. Sur cette feuille, il y aura quelque chose d'écrit – différents trucs – que votre gouvernement veut imprimer. Vous suivrez ce qui est écrit très, très attentivement, et vous devrez chercher dans la boîte les petits caractères qui correspondent aux lettres de votre « copie ».

Une fois que vous aurez trouvé la bonne lettre, vous la placerez dans un petit casier que vous tiendrez dans la main jusqu'à ce que toutes les lettres forment les mêmes mots que sur votre « copie ». Puis vous mettrez ces mots et ces phrases dans le châssis, et vous découvrirez bientôt que vous avez réalisé en typographie un duplicata exact de la page qu'oncle Calvin vous avait donnée. N'est-ce pas excitant ? Un duplicata exact ! On vous prendra ensuite cette page de caractères pour en faire des plaques, puis ces plaques seront imprimées et vous aurez la joie de découvrir votre travail dans le *Journal du Congrès* et dans toutes ces petites plaquettes que votre représentant au Congrès vous envoie. Imaginez-vous ça ! Votre propre page imprimée !

De cette manière, non seulement vous vous serez amusés comme des petits fous, mais grâce à vous votre gouvernement aura pu réduire son budget d'imprimerie à presque rien, et en plus vous aurez exercé vos yeux, vos mains et vos petites têtes, ce qui ravira oncle Calvin plus qu'il ne saurait le dire.

Bon, maintenant que nous nous sommes bien amusés, nous devons nous remettre dare-dare au travail car, comme le dit oncle Calvin dans son joyeux message de Noël, il y a un temps pour jouer et un temps pour travailler ; mais, tant que vous ne *gâchez* pas votre temps de jeu, vous n'en travaillerez que mieux pour vos parents, vos maîtres et votre pays.

## *Que lisent vos enfants ?*

L'une des raisons pour lesquelles les enfants mûrissent si rapidement de nos jours, ce doit être que les livres écrits pour les adultes sont beaucoup plus amusants que la prétendue « littérature pour la jeunesse ».

Aujourd'hui, la plupart des livres pour la jeunesse sont conçus pour améliorer l'intelligence de l'enfant, ou pour lui inculquer les bases morales qui le rendront apte à chasser le chameau dans les règles de l'art. En lieu et place de héros tirant sur tous les Indiens qui viennent à passer ou planquant de l'or dans des grottes, nous découvrons que l'Amérique du Sud, le continent, est le héros de tel livre moderne pour enfants et que l'homme qui a découvert le moyen d'isoler le fil de cuivre est le héros de tel autre. Quelle incitation à la lecture y a-t-il là-dedans pour un garçon qui sort d'une éprouvante journée passée à l'école et sur le terrain derrière la maison ? Je vous le demande !

On a connu une telle levée de boucliers contre les bons vieux romans-feuilletons de dix sous (qui n'en coûtaient que cinq) que plus aucun parent qui se respecte n'autoriserait ses enfants à en rapporter à la maison ; pourtant, Frank et Dick Merriwell, ou même le Jeune et le Vieux King Brady, étaient des personnages d'une moralité aussi irréprochable que, je ne crains pas de l'affirmer, n'importe lequel des héros modernes qui se lancent à la recherche de spécimens de quartz pour le Muséum et deviennent président de la Compagnie pétrolière interurbaine dans la foulée. Le Vieux King Brady chiquait un peu de tabac de temps en temps, c'est vrai ; mais la plupart des héros de romans-feuilletons se comportaient de manière exemplaire, et beaucoup d'enfants d'aujourd'hui gagneraient à s'en inspirer. Je suis prêt à parier qu'à l'heure actuelle il n'existe pas plus de six jeunes gens dans le pays dont le savoir-vivre et la noblesse égalent ceux de Frank Merriwell jadis.

Comparons donc pour voir les extraits suivants (imaginaires, mais représentatifs) d'un thriller à l'ancienne et d'un livre pour enfants « édifiant » à la mode actuelle.

> Dick Montague se retourna pour faire face aux quatre silhouettes masquées qui leur bloquaient le passage, à lui et à Elsie Maxwell, se retrouvant ainsi dos au mur, dans la grotte du Vieil Indien Meg. Ses yeux lancèrent des éclairs, tandis qu'il retroussait une de ses manches.
>
> – Vos noms me sont inconnus, dit-il d'une voix calme, mais, si mes sens ne m'abusent pas, vous êtes des membres de la Bande rouge qui n'a cessé de marauder dans la région. Je sais qu'au fond vous êtes tous des couards, et bien que je ne sois pas homme à provoquer une bagarre sans motif, je vous promets d'étaler pour le compte le premier qui osera s'approcher de la jeune dame ici présente !
>
> Les quatre fripouilles ricanèrent à l'unisson, mais cependant quelque chose dans le ton de Dick Montague avait instillé de la terreur dans leurs cœurs de lâches.
>
> – Tout doux, fiston, fumons une clope et causons de tout ça tranquillement, dit l'un des bandits en faisant un pas en avant.

Bang ! D'un direct au visage, Dick mit K.-O. la canaille, qui s'effondra sur le sol de la caverne.

– Relève-toi, coyote à foie jaune ! dit Dick (car c'en était un, en effet). Tu sais très bien que je ne fume jamais de cigarette, car sinon comment serais-je capable de mener la formation en V de l'équipe de football universitaire de Yale avec un tel courage ?

Un deuxième membre du gang s'avança.

– Saloperie de gosse, marmonna-t-il, je vais…

Mais, avant même d'achever sa phrase, il gisait lui aussi sur le sol, victime d'un deuxième coup de poing fulgurant délivré par le jeune athlète.

– Relève-toi, espèce de lâche, dit Dick, et, la prochaine fois, surveille ton langage en présence d'une dame !

À présent, examinons un extrait choisi dans la « liste des lectures recommandées » pour la jeunesse, promue par la Société nationale pour l'édulcoration des livres pour enfants :

Le petit sir A. S. Eddington se tourna vers ses camarades qui s'étaient tous regroupés autour du télescope.

– C'était extrêmement gentil de votre part, mes amis, de me proposer de regarder dans votre télescope, dit-il en prenant grand soin de nettoyer l'oculaire – car on ne sait jamais qui a regardé dans un télescope avant vous. Je me demande si vous savez que ce qu'on appelle la Voie lactée porte aussi parfois le nom de Galaxie.

– Je le savais, mais je l'avais oublié, dit H. Spencer Jones, le petit garçon qui allait plus tard devenir le directeur de l'observatoire d'Édimbourg, mais pas avant d'avoir appris à ne plus oublier ce genre de choses.

– La Galaxie, ou Voie lactée, poursuivit le petit sir Arthur, mesure environ trois cent mille années-lumière de diamètre. Représentez-vous ça !

– Est-on *vraiment* obligé de se le représenter ? demanda l'insouciant professeur Ahmainon. Ça me flanque le vertige !

Tout le monde rit de bon cœur, mais des sujets autrement plus sérieux requéraient leur attention.

– Le centre du système d'amas d'étoiles globulaire, reprit sir Arthur, se trouve dans le Sagittaire…

– Dans *quoi* ? demanda quelqu'un, incrédule.

– Dans un groupe d'étoiles qu'on appelle le Sagittaire, répéta sir Arthur sans parvenir à dissimuler son impatience, ainsi dénommé parce qu'il signifie « l'archer » ; en effet, ce groupe d'étoiles était représenté dans les temps anciens par l'image d'un archer tirant une flèche.

– Partons, maintenant, et allons tirer des flèches, suggéra le professeur Ahmainon.

Sur ce, ils s'en allèrent tous pour aller faire du tir à l'arc.

Certes, dans ce second genre d'écrit pour la jeunesse, on trouve quantité d'informations précieuses, mais si j'étais encore enfant (et parfois, je me le demande) et si c'était tout ce qu'on m'offrait à lire avant, j'accueillerais l'heure d'aller me coucher avec soulagement.

## *Les pieds au musée*

### *Une maladie affectant les parents trop zélés*

Chaque année, à l'approche de l'automne, revient un danger à éviter absolument : sous l'influence sournoise d'un climat revigorant, on risque de s'exciter et de se mettre à planifier des choses qu'on aurait dû faire depuis longtemps. Par exemple, les parents parmi nous peuvent se laisser tenter par l'idée qu'ils ne se sont pas assez occupés de leurs enfants, et qu'ils devraient les emmener plus souvent dans des endroits susceptibles de les intéresser tout en les instruisant. On ressent l'appel d'une sortie où l'on serait en position d'ami plutôt que de père, tout en restant une sorte de professeur, qui les encouragerait l'air de rien à se cultiver en les emmenant faire des voyages éducatifs dans des pêcheries et des manufactures de toile de jute, *et cetera*.

Il ne s'agit que d'une manifestation de cette fièvre automnale, qui devrait vite passer, alors ne vous laissez pas prendre au piège. Laissez donc les enfants se cultiver tout seuls. Franchement, ce que vous avez accompli dans votre propre cas n'est pas épatant au point de vous sentir obligé de montrer à quelqu'un d'autre comment s'y prendre. Et, par-dessus tout, n'emmenez jamais vos gamins dans un muséum d'histoire naturelle. La sortie au muséum d'histoire naturelle est l'une des premières idées qui viennent à l'esprit du parent dès lors que le vivifiant automne vient fouetter le sang dans ses veines – or c'est aussi l'une des pires.

Moi-même, l'automne dernier, pris d'un accès soudain de responsabilité parentale, j'ai décidé d'emmener les garçons au Smithsonian Institute à Washington. J'aurais choisi un musée *encore plus grand* s'il y en avait eu un dans le pays, mais le Smithsonian était le plus vaste que j'avais sous la main. Résultat, j'ai contracté un vilain cas de ce qu'on appelle dans les cercles médicaux « pieds du Smithsonian », qui consiste en une complète paralysie des pieds, de la cheville jusqu'à la voûte plantaire, à force de rester debout en faisant reposer son poids d'un pied sur l'autre devant des vitrines d'exposition et de parcourir de long en large, sur des kilomètres et des kilomètres, les couloirs en mosaïque du musée. Les garçons, pour leur part, n'ont pas du tout souffert de la visite.

Le plus affligeant, dans une visite au musée avec les enfants, c'est que vous la commencez plein de vigueur et d'énergie. À peine entré dans le hall principal, vous rappelez Herbert, qui s'est élancé dans une glissade sur le sol bien lisse, et vous lui dites qu'il doit rester près de Papa car Papa va lui montrer tout ce qu'il y a à voir et tout lui expliquer. Or, avant même la fin de la journée, Papa est devenu le roi des andouilles !

Soucieux de ne rien louper, vous vous arrêtez et vous examinez avec attention la toute première plaque accrochée dans le hall d'entrée, en décidant de commencer par la gauche et de regarder tout ce qui se trouve dans cette aile du bâtiment avant de vous attaquer à celle de droite.

– Regardez, les garçons, déclarez-vous, il est écrit ici que ce bâtiment a été construit en

1876 par la Société d'histoire naturelle américaine... euh, bon, je crois que ce n'est pas très important.

Vous demandez alors au gardien posté à l'entrée quelle est le meilleur parcours pour visiter le musée – question on ne peut plus imprudente. Il vous conseille de commencer par la salle des glaciers, qui se trouve juste sur la droite. Voilà qui bouleverse quelque peu vos plans, mais, après tout, quelle différence cela fait-il de voir d'abord l'aile droite ou l'aile gauche ?

– Venez, les garçons, lancez-vous car ils se sont mis tous les deux à faire des glissades. Ici, c'est la salle où ils mettent les glaciers. Venez regarder les glaciers.

À ce stade, les garçons sont déjà échauffés et en nage, et il n'y a sans doute rien au monde qui les intéresse moins que des glaciers. D'ailleurs, en entrant dans la salle, vous-même ne voyez rien de bien passionnant dans les roches qui sont exposées à l'intention du public. Toutefois, c'est un sujet assez important, cette histoire de couches glaciaires, et, pour les garçons comme pour vous, ce ne serait pas du luxe d'en apprendre un peu plus sur le sujet.

– Regarde, Herbert, dites-vous. Regarde, Arthur ! Vous voyez, là, l'endroit où le glacier est passé sur ce rocher en laissant ces grosses marques.

Mais Herbert a déjà filé dans la salle suivante, qui, pour une raison mystérieuse, ne contient que des rats empaillés censés démontrer la doctrine malthusienne – quant à Arthur, il s'est volatilisé.

– Herbert, où est Arthur ? criez-vous.

– Regarde, papa, répond Herbert de l'autre bout de la salle. Viens vite voir ! Vite, papa !

De toute évidence, les rats empaillés risquent de s'échapper avant que vous n'arriviez, et vous devez vous précipiter pour faire taire Herbert, même si vous préféreriez ne pas avoir à regarder des rats empaillés – doctrine malthusienne ou pas.

Entre-temps, Arthur a réapparu plusieurs kilomètres plus loin dans le bâtiment, dans la salle consacrée aux premiers Amérindiens, et s'écrie à pleins poumons :

– Viens vite, papa ! Regarde ! Des Indiens !

Alors Herbert et vous filez au trot jusqu'à la salle des premiers Amérindiens.

– Les garçons, il ne *faut* pas crier si fort ici, les avertissez-vous. Et arrête un peu de courir, Arthur ! On a toute la journée (à Dieu ne plaise !).

– Dis, où ils vivaient, ces Indiens, papa ? demande Herbert.

– Oh, du côté du Massachusetts, expliquez-vous. Ils se sont battus contre les Premiers Pèlerins.

– Ici, c'est écrit qu'ils vivaient dans l'Arizona, déchiffre Arthur. (Qui a appris à lire à ce garçon, d'abord ?)

– Eh bien, ils vivaient *aussi* dans l'Arizona, devez-vous concéder. Ils vivaient un peu partout.

– Et ça, c'est quoi, papa ?

– Ça ? Ce sont des têtes de haches. Ils les mettaient au bout de leurs haches.

– Ici, c'est marqué que ce sont des silex qu'ils frottaient pour faire du feu.

– Des silex, hein ? Eh bien, ils en ont une drôle de forme, ces silex. Ils ont dû s'en servir aussi pour faire des haches.

– À quoi ça leur servait, papa ?

– Puisque tu as l'air de lire si bien, pourquoi tu ne lirais pas ce qui est marqué au lieu de me poser sans arrêt des questions ? Où est passé Herbert ?

Herbert est maintenant sur le point de faire tomber une vitrine de bols étrusques en essayant d'atteindre une statuette de cheval béotienne exposée dans la vitrine juste derrière.

– Attention, Herbert, ne pousse pas comme ça ! Tu veux la casser ?

– Oui, dit Herbert, dont la réponse a le mérite de la brièveté.

– Bon, si tu continues à te conduire comme ça, on rentre directement à la maison. (Là, une idée lumineuse vous traverse l'esprit : et pourquoi en effet ne *pas* rentrer directement à la maison, en faisant porter la faute sur Herbert ?)

Les premiers symptômes des « pieds du Smithsonian » commencent à se faire sentir. Vous tentez bien de marcher sur vos talons pour soulager la plante de vos pieds, mais cela n'aide guère. Et vous n'êtes même pas encore monté au premier étage…

Au dernier décompte, le mot « regarde » a été crié quatre-vingt-deux fois, et chaque fois vous avez regardé. Quarante-trois questions vous ont été posées, auxquelles vous avez donné quarante réponses incorrectes et, pour trente-quatre d'entre elles, l'erreur a été découverte. Il est grand temps que vous rentriez chez vous.

Mais les garçons n'en sont qu'au début. Ils repèrent une nouvelle salle au bout de l'aile droite et s'y précipitent. Tout votre bel enthousiasme s'étant évaporé, vous les suivez d'un pas traînant. Et vous vous retrouvez de nouveau dans la salle des glaciers.

– On est déjà venus ici, dites-vous, dans l'espoir de les décourager. La porte pour sortir est juste là. Et si on rentrait à la maison et qu'on revenait demain ?

Cette suggestion tombe dans l'oreille d'un sourd, car les garçons sont déjà en train de grimper le grand escalier qui mène au premier étage. Si vous parvenez à gravir la moitié des marches, vous devriez vous estimer heureux. Le temps d'atteindre le premier palier, vous êtes déjà dans un état proche de l'évanouissement.

– Papa, regarde ! entendez-vous appeler les petites voix au-dessus. Viens vite, papa ! Des squelettes !

Et des squelettes, c'en est, aucun doute là-dessus. Des squelettes de mastodontes. Herbert, qui a tourné au coin de la salle à toute vitesse, tombe nez à nez avec l'un d'entre eux et est pris de panique. Pas mal comme idée ! Peut-être leur flanqueront-ils la frousse à tous les deux, assez pour qu'ils veuillent rentrer à la maison. Mais c'est finalement la Nature elle-même qui, dans sa grande sagesse, vient à votre secours. À la fin de la salle des mastodontes, Herbert vient vous voir et vous murmure à l'oreille.

– Je ne sais pas, répondez-vous, plein d'espoir. On ferait peut-être mieux de rentrer.

– Non ! s'écrie Herbert. Je veux rester ici.

– Bon, viens avec moi alors, on va voir si on peut en trouver. Allez, Arthur. Viens avec Herbert et papa.

Ainsi, sous prétexte de chercher à localiser la partie du bâtiment en question, vous conduisez les garçons en bas et leur faites reprendre le chemin de la sortie.

– Je crois que c'est par ici, dites-vous. Non, je crois plutôt que c'est par là.

Peu de temps après, vous êtes arrivés dans la rue, et des taxis passent à votre portée. Ce n'est plus alors l'affaire que d'une minute : vous tapez Herbert sur la tête jusqu'à ce qu'il se tienne tranquille et vous tirez Arthur d'un coup sec pour le faire monter dans le taxi avec vous.

– Conduisez-nous vite au 468, Elm Avenue, indiquez-vous au chauffeur.

C'est l'adresse de votre domicile.

## *Le business des camps de vacances*

L'idée semble avoir la faveur des parents qu'une bonne manière de résoudre le problème des vacances d'été pour son garçon est de l'envoyer dans un camp de vacances. Cette idée semble en tout cas prévaloir dans les encarts publicitaires des magazines.

Si tous les camps de vacances d'été pour garçons et filles réussissent à former des citoyens en herbe, comme ils se targuent de le faire, alors nous n'avons plus de mouron à nous faire pour l'avenir du pays – pas plus que s'il était entre les mains d'un gouvernement composé des douze Apôtres. En feuilletant les réclames et les dépliants, nous apprenons en effet que « le camp Womagansett, dans les collines au pied des White Mountains », renvoie précocement dans la société une bande de « garçons forts et virils, prêts à assumer les devoirs de la citoyenneté et équipés pour affronter la vie avec un esprit clair et un regard lucide ». Je n'ai trouvé aucune précision au sujet de leur digestion, mais j'imagine qu'elle est dans une forme optimale, elle aussi.

L'aperçu qu'on nous donne de la prochaine génération de mères n'est pas moins impressionnant. Le « camp Wawilla pour filles », apprenons-nous, porte une attention toute particulière au développement spirituel des « Femmes de demain » et, comparées aux activités civiques de la majorité des anciennes pensionnaires du camp Wawilla, celles d'une Florence Nightingale ou d'une Frances Willard, pionnières des soins infirmiers et de l'éducation, auraient été reléguées à la rubrique « Tâches des juniors ».

Bon, tout cela est formidable, et la pensée que, le jour où tous les garçons et les filles iront aux camps Womagansett et Wawilla, les problèmes de la « jeune génération », et sans doute aussi de la délinquance, ne vaudront même plus la peine d'être mentionnés, est fort réconfortante. Cependant, il y a plusieurs autres conséquences qui vont de pair avec le fait d'envoyer son garçon dans un camp de ce genre, conséquences que j'aimerais aborder du point de vue des parents, si vous le permettez. Je ne prendrai que vingt minutes de votre temps.

Tout d'abord, quand votre garçon rentre à la maison après le camp, il a acquis ce qu'on nomme dans les prospectus un caractère « viril et indépendant ». Cela signifie que, lorsque vous irez nager avec lui, il vous poussera de la barque pour vous mettre à la flotte et sautera sur vos épaules en vous maintenant la tête sous l'eau jusqu'à ce que vous soyez quasiment noyé – ou même noyé tout court. Avant qu'il aille au camp, vous suiviez ses progrès à la nage d'un œil bienveillant, en lui conseillant de « prendre son temps, d'y aller doucement », avec un sentiment de supériorité qui, même s'il n'avait guère de fondement vu vos propres prouesses en ce domaine, restait malgré tout un des rares motifs de fierté de votre âge mûr à tendance obèse. Après avoir observé l'un de ces héros bronzés en maillot de bain et bonnet de caoutchouc plonger du haut d'une tour et effectuer l'aller-retour sous l'eau entre la barque et le rivage, vous tiriez une sorte de consolation du fait de pouvoir vous tourner vers votre fils pour lui montrer comment nager le crawl, même si vous ne comptiez pas vous-même parmi les sept spécialistes du crawl les plus réputés du pays. Vous vous en sortiez mieux que lui, c'était déjà ça.

Il était aussi très réconfortant de se tenir sur le plongeoir et de dire :

– Maintenant, regarde papa. Tu vois ? Mets les mains comme ça et plie les genoux. Vu ?

Le fait que de telles démonstrations aboutissaient généralement à un rude plat sur une zone allant de vos genoux à votre poitrine était certes embarrassant, mais au moins votre plongeon n'était-il pas aussi raté que la tentative de votre fils.

Or, après un été passé au camp, le garçon « viril et indépendant » revient et vous ferait presque passer pour un grabataire.

– Essaie de faire ça, papa ! s'écrie-t-il en sautant du plongeoir et en réalisant un double salto avant de pénétrer dans l'eau avec le tranchant d'une lame de couteau.

Si vous tentez de l'imiter, vous allez vous bousiller le dos. Si vous n'essayez pas, votre amour-propre et votre prestige en seront ébranlés. La meilleure chose à faire est donc de ne pas l'écouter. Vous pouvez y parvenir en disparaissant sous la surface chaque fois qu'il semble s'apprêter à faire un nouveau plongeon. Au bout d'un certain temps, toutefois, cette ruse vous laissera tout détrempé et imbibé d'eau, alors vous feriez peut-être mieux de revenir sur la terre ferme pour vous rhabiller aussi vite que possible.

Le pire aspect de cette « indépendance » nouvellement conquise est cette propension au chahut que tous les camps de garçons semblent développer chez leurs pensionnaires au point de les rendre odieux. Quand j'étais jeune, je suis moi-même allé en camp de vacances, mais je ne me souviens pas de m'être amusé à des jeux aussi déplaisants que ceux qui semblent avoir les faveurs des garçons d'aujourd'hui. J'ai fait beaucoup de vilaines choses en mon temps. J'ai torturé des mouches et donné des coups de pied dans les béquilles sur lesquelles s'appuyaient des éclopés. Mais je n'ai jamais – Confucius m'en soit témoin – poussé personne d'une barque pour le mettre à la baille, ni nagé en douce derrière quelqu'un pour lui sauter sur les épaules afin de lui enfoncer la tête sous l'eau. Et je ne crois pas que le président Lincoln l'ait jamais fait, lui non plus.

De toute évidence, les camps de garçons actuels ont mis au programme des cours de poussage de barque et de saut sur les épaules. Si vous examinez de près les photographies illustrant les publicités pour les camps de vacances, elles révéleront en arrière-plan, dans neuf cas sur dix, tout un tas de garçons en train de se pousser les uns les autres hors des barques. Vous ne pourrez pas repérer ceux qui ont sauté sur les épaules de leurs camarades, car ces derniers sont sous l'eau. Mais je tiens tout de suite à avertir solennellement que le premier garçon qui me poussera d'une barque quand j'aurai le dos tourné, ou qui tentera de jouer à saute-mouton avec moi dans trois mètres d'eau, sera rendu quasiment inutilisable en tant que « citoyen de demain » – j'y veillerai personnellement, vous avez ma parole.

S'il se trouve que le garçon en question est mon propre fils, l'affaire n'en sera que plus triste, mais cela n'y changera rien.

Un autre mauvais pli que ces garçons virils prennent au camp, c'est cette habitude barbare de se lever à l'aube. Un garçon normal et en bonne santé devrait être un lève-tard. Qui ne se souvient, lorsqu'il était jeune, normal et en bonne santé, de ce qu'on devait l'appeler le matin à trois, quatre ou même cinq reprises avant qu'il se sente disposé à se lever ? L'un des souvenirs les plus heureux de l'enfance, c'est cette voix maternelle montant du rez-de-chaussée pour nous sommer de nous lever, puis s'éloignant jusqu'à disparaître, et la prise de conscience qu'il se passerait sans doute quinze bonnes minutes avant qu'elle se fasse de nouveau entendre.

Or le garçon qui va dans un camp de vacances se voit privé de tout cela. Lorsqu'il rentre dans ses pénates, il est tellement imprégné de la pratique pernicieuse du lever matinal qu'il n'arrive plus à s'en défaire. Dès les six heures du matin, il se met à faire du boucan en laissant tomber ses chaussures et en fixant une nouvelle étagère pour poser la radio dans sa chambre. Puis il sort dans l'arrière-cour et s'exerce au tennis contre le mur de la maison. Puis il réarrange en sifflant quelques chansons à la mode et effectue des allers-retours à vélo sur l'allée de gravier. Vous seriez surpris du boucan que parviennent à produire deux roues de bicyclette sur une allée de gravier à six heures et demie du matin. Un incendie de forêt pourrait peut-être réussir à émettre les mêmes craquements, mais il y a très peu de chances que vous déclenchiez un incendie de forêt dans votre cour à six heures et demie du matin. Enfin, pas si vous avez un minimum de bon sens.

Quant à savoir à quoi les garçons peuvent bien s'occuper dans le camp quand ils se réveillent à six heures du matin, le mystère reste entier. Il semblerait qu'ils effectuent quelques exercices d'éveil avant d'aller piquer une tête – et de se pousser un peu plus les uns les autres de la barque –, mais ils pourraient en faire tout autant en se levant à huit heures, et disposer encore d'une longue journée devant eux. Je n'ai jamais connu une seule personne qui, levée à six heures du matin, parvienne à occuper le temps la séparant du petit déjeuner par une activité plus utile qu'en faisant rebondir une balle de tennis contre le mur de la maison, en attendant que les membres plus civilisés de la bande se lèvent. Nous passons déjà suffisamment de temps à attendre au cours de notre vie sans devoir en plus nous lever à l'aube et attendre le petit déjeuner.

Pour l'été prochain, je suis bien tenté de mettre sur pied un camp de garçons à ma manière. Il sera situé sur le lac Chabonagogchabonagogchabonagungamog – si, il existe, à Webster, dans le Massachusetts – et je l'appellerai le « Camp Chabonagogchabonagogchabonagungamog pour garçons virils ». Par « virils », j'entends « comme des hommes adultes ». En d'autres termes, chacun dormira aussi longtemps qu'il le souhaite et, au réveil, il n'aura pas besoin de se farcir des exercices d'« éveil ». Chacun occupera sa journée à sa guise, comme n'importe quel campeur lambda. Pas de « randonnées » obligatoires – j'aurais d'ailleurs un ou deux trucs à dire aussi, un des ces jours, sur ce problème de la « randonnée » –, pas d'« esprit de camp », pas de blabla sur l'« Homme de demain », et, surtout, *interdiction totale de pousser les autres des barques.*

## *C'est la rentrée !*

### *ou De quoi les écoliers ont vraiment besoin*

On se pincerait presque pour y croire, mais le moment approche où il faut se préparer à réexpédier les gosses en pension. Ils ont passé tout l'été ici, les chenapans, à semer du sable dans la salle à manger, à faire rouler mamie par terre, à amener des petits camarades de jeu qui avaient les oreillons (alors que Papa n'avait jamais eu les oreillons, et qu'attraper les oreillons à son âge n'aurait pas franchement amusé Papa) et à égayer par tous les moyens possibles la Vieille Demeure au point de la réduire en pièces.

Et voilà que la cloche de l'école va sonner à nouveau ! Signes irréfutables que le vent de l'éducation va bientôt se remettre à souffler, tous ces prospectus des magasins de vêtements et de fournitures scolaires qui déferlent dans notre boîte aux lettres, listant les « articles requis pour l'écolier et l'écolière », comme si l'écolier et l'écolière n'étaient pas capables de nous dire eux-mêmes exactement ce dont ils allaient avoir besoin – et bien plus encore. Un de ces jours, j'aimerais faire venir ici un de ceux qui rédigent ces listes pour qu'il écoute mon fils et ma fille établir *leurs* listes. En moins de trois minutes, il serait tellement dépité qu'il en pleurerait toutes les larmes de son corps. « Un ciré en caoutchouc », voyez-vous ça ! « Un ciré vert, un ciré marron clair et un ciré vieux rose » serait autrement plus juste. Juste au cas où il se mettrait à pleuvoir de trois couleurs différentes.

Je peux me souvenir d'une époque (en appuyant très fort sur mes tempes et en retenant ma respiration) où la rentrée scolaire impliquait simplement l'achat d'une ardoise à laquelle était attachée une éponge et d'une boîte de crayons de couleur. Personne, à ma connaissance, ne s'est jamais servi d'une ardoise et d'une éponge. C'était juste une survivance nostalgique d'une époque *encore* plus ancienne où le monsieur de la papeterie obligeait tous les enfants en âge d'être scolarisés à les acheter. Les crayons de couleur, c'était pour manger, bien sûr.

Mais nous achetions nos ardoises, nos éponges et nos crayons (avec parfois une règle qui servirait à taper les autres), et puis nous ne nous en servions jamais, car l'école fournissait tous les crayons et les blocs de papier jaune dont nous avions besoin. L'un des grands soulagements de ma vie d'adulte, c'est de ne plus avoir à écrire sur une feuille de papier jaune avec des lignes bleues tracées tous les quatre-vingts millimètres. Je *déteste* devoir écrire mes phrases tous les quatre-vingts millimètres, et maintenant que je suis un homme fait, plus rien ne m'y oblige. C'est un des avantages d'avoir fini ses études.

De nos jours, toutefois, même si l'ardoise et l'éponge ont été supprimées de la liste, on trouve pléthore d'« accessoires », même pour les enfants qui vont dans ce qu'on appelle les « écoles publiques ». Avec la multiplication des fraternités et des activités sportives, le lycée d'aujourd'hui ressemble au pensionnat d'hier, le pensionnat d'aujourd'hui ressemble à l'université d'hier, et l'université d'aujourd'hui (voyons si j'arrive à tenir le rythme) a passé le stade critique et ressemble à l'école publique d'hier. Est-ce que c'est clair ? Ou est-ce qu'on doit passer ça en revue juste une dernière fois ?

Évidemment, d'après les listes des magasins d'habillement, si votre enfant a le malheur d'aller dans ce qu'on appelle une « école privée » (ce qui signifie qu'un enfant ayant tué un oncle, une tante ou un autre membre de sa famille n'a pas le droit d'y entrer), il est bon pour un équipement inégalé depuis l'expédition de Byrd au pôle Sud. On n'imaginait pas que le simple fait de dormir loin de la maison, dans une nation aussi austère que la nôtre, occasionnait autant de surplus vestimentaires pour un enfant.

Et je ne parle pas de pyjamas. Un garçon, lorsqu'il vit à la maison, a beau passer ses journées assis à bouquiner et à ronchonner, à la minute même où il met les pieds à l'école (d'après les listes), le voilà qui s'adonne à la chasse au renard, à la chasse au wapiti et à la chasse à je ne sais quoi qui se chasse avec des faucons (capuchon à faucon : 45,50 dollars). Ensuite, pour les concours de lancer de tronc d'arbre, vous pouvez vous procurer un bon tronc d'arbre pour 24 dollars, mais vous devrez porter un costume confectionné par un tailleur écossais dans de la bruyère réglementaire de Saint Andrews – un modèle élégant ne vous en coûtera que 115 dollars.

Or, si je me fie aux souvenirs de mes propres besoins d'écolier (et j'ai été élève à la fois de l'école publique et de l'école privée ; j'en ai d'ailleurs toujours changé juste au moment où la classe d'anglais dans la nouvelle école s'apprêtait à étudier *Silas Marner* de George Eliot, ce qui explique qu'il s'agit du seul livre de langue anglaise que j'aie connu jusqu'à mes dix-huit ans – mais, vous pouvez me croire, je le connaissais sur le bout des doigts, *Silas Marner* !), je remplacerais les listes envoyées par les magasins de fournitures scolaires par quelque chose comme suit :

– une feuille de papier à lettres (avec l'enveloppe qui va avec) pour écrire à la maison. Ce qui devrait suffire pour l'année scolaire. Les demandes d'argent peuvent être faites par télégramme, en port dû ;

– cinq cents paires de chaussettes, à jeter quotidiennement ;

– un chapeau, dans un carton à chapeau, dont la clé sera confiée au proviseur jusqu'à la fin du trimestre ;

– un pardessus, qu'on laissera avec la clé du carton à chapeau, *sauf* si le pardessus est en peau de raton laveur, auquel cas il devrait pouvoir être porté jusqu'au 10 juin inclus ;

– un exemplaire, dans une bonne traduction anglaise, de chacun des livres suivants : l'*Énéide*, l'*Odyssée*, l'*Immensee*, les *Fables* de La Fontaine (assurez-vous que cette traduction est fidèle au texte français ; il existe nombre d'adaptations anglaises farfelues qui risquent de vous mettre dans la panade alors que les mots ne figurent même pas dans l'original), *Nathan le Sage* et *Don Quichotte*. Il devrait y avoir dans ces livres assez de place entre les lignes pour y griffonner un mot de temps à autre ;

– un morceau de caoutchouc qu'on met sur

la bouche, afin de produire le son communément appelé « l'oiseau » ;

– une Ford vieux modèle, avec suffisamment d'espace pour faire des commentaires dessus à la peinture blanche ;

– une pipe, avec éventuellement une once de tabac, destinée à être fumée environ quatre fois avant d'être mise au rebut ou perdue ;

– un briquet, destiné à se marier harmonieusement avec les autres fournitures de bureau ;

– trois douzaines de chemises, aux cols déjà élimés afin de ne pas perdre de temps en lessives ;

– un très vieux tee-shirt ;

– trois douzaines de cravates, pour dépanner les camarades de chambre ;

– des étiquettes nominatives à coudre sur les vêtements pour s'assurer que le camarade de chambre les rendra en échange des vêtements marqués à son nom ;

– il est inutile d'essayer de convaincre l'écolier d'emporter des mouchoirs.

Voilà donc ma liste, monsieur l'Équipementier pour Garçons. Je crois n'avoir rien oublié. Je ne me lancerai pas dans une liste détaillée couvrant les besoins des écolières, car ma fille (si j'en avais une) n'est pas encore assez grande. Mais je ne veux plus qu'on sous-entende que je ne m'occupe pas bien de mon garçon au prétexte que je ne lui achète pas une veste de chasse rouge. S'il veut vraiment une veste de chasse rouge, il n'aura qu'à rallonger les manches de la mienne de quelques centimètres et la porter.

## *Les vacances à la maison*

Si l'on appelle cette période de l'hiver « les vacances », c'est uniquement pour faire plaisir à la catégorie de notre population âgée de moins de vingt-deux ans.

En réalité, c'est la seule possibilité qu'ont les concierges des lycées et des universités pour répandre de la cire sur les planchers des salles de classe afin qu'ils retiennent bien la poussière tout le semestre suivant ; pendant ce temps, ne sachant que faire des étudiants, on les renvoie chez eux une semaine ou deux. Le terme de « vacances » s'applique donc à une période de l'année où tous les autres travaillent deux fois plus dur et deux fois plus longtemps durant la semaine afin de se prémunir en vue de cette satanée journée qui sera entièrement sacrifiée sur l'autel de la Campagne de ventes ou du Chiffre d'affaires record, autrement dit Noël.

Pour les lycéens et les étudiants qui rentrent à la maison, on appelle cette période, dans les programmes de leurs établissements, un « congé » ou des « vacances », et on laisse se répandre parmi les parents l'impression générale que ce devrait être une période consacrée au repos et à la récupération. Arthur et Alice ont travaillé tellement dur au lycée ou à l'université que deux semaines bien tranquilles de vie de famille et de cuisine maison vont nous les remettre en forme, et qu'ils seront à pied d'œuvre pour réattaquer ce cours de chimie qui, d'après un professeur incompétent, ne leur a pas très bien réussi au trimestre dernier.

Rien n'est plus facile que de prouver que cette théorie du repos pendant les vacances est totalement fausse : il suffit de se cacher dans la penderie du foyer de n'importe quel lycéen ou étudiant pendant les congés de Noël. On peut accéder à la penderie en se faisant passer, au choix, pour un fonctionnaire du gouvernement, un inspecteur de police ou un employé du gaz venu relever le compteur. Une fois dissimulé parmi les caoutchoucs, il ne restera qu'à ouvrir grand les oreilles pour assister au petit drame domestique qui suit, intitulé : « Les vacances à la maison ».

Des coups sonores sont frappés à la porte : Edgar est enfin arrivé. Série d'embrassades, échange de nouvelles sur la santé de chacun, puis Edgar se précipite à l'étage.

– Le dîner est servi dans une demi-heure, dit la Mère.

– Désolé ! s'écrie Edgar depuis la baignoire, mais je dois sortir, il y a un dîner dansant chez les Whortleberry. J'ai eu le tuyau la semaine dernière. Dis, y aurait pas des boutons de col qui traînent dans la maison ? Les miens sont dans ma malle.

Les boutons du Père sont réquisitionnés et la Famille se regroupe devant la porte d'Edgar pour échanger quelques bouts de conversation tandis qu'il se débat avec sa chemise de soirée.

– Comment ça s'est passé ? (Vous avez droit à trois essais pour deviner qui a posé cette question.)

– Oh, très bien. Dis, j'aurais pas laissé une paire de chaussures de soirée à la maison ? Les miennes sont dans la malle. Où sont les vieilles que j'avais l'été dernier ?

– Tu ne veux pas que je t'aide à nouer ta cravate ? (Deux essais pour deviner qui a posé cette question.)

– Non, merci. Je pourrais récupérer mes habits propres d'ici demain soir ? Je vais passer tout le week-end chez les Clamps à Short Neck pour une partie de bobsleigh, et le jour où je reviens Mme Dibble organise un dîner et une soirée théâtrale.

– Tu ne veux pas manger un morceau ici avant d'aller chez les Whortleberry ? (Un essai pour deviner qui a posé cette question.)

Mais Edgar a déjà dévalé les marches et laissé les membres de la Famille se consoler l'un l'autre avec des observations telles que : « Il a l'air fatigué », « Je crois qu'il s'est un peu étoffé » ou « Je me demande s'il n'étudie pas trop ».

Vous pourriez rester posté dans la penderie pendant les deux semaines entières sans pour autant en apprendre beaucoup plus sur Edgar. C'est le cas de ses parents. S'ils l'attrapent au vol lorsqu'il monte ou descend l'escalier, ou qu'il est en train de poser les boutons sur sa chemise, ils s'estiment heureux. En réalité, ils se sentent plus proches de lui quand il est à l'université, car là-bas au moins il leur écrit une lettre par semaine.

Si épuisant ce mode de vie soit-il pour un jeune qui est censé se reposer pendant les vacances, ce serait sans doute beaucoup plus éprouvant pour lui s'il devait rester au sein de la Famille. Une fois, de temps en temps, il arrive qu'une des soirées auxquelles il s'était engagé à assister tombe à l'eau, ce qui l'oblige à rester dîner à la maison. Au début, c'est un peu embarrassant d'être laissé en compagnie d'étrangers pour un repas comme celui-ci, mais, à mesure que la soirée avance, la glace se brise et les choses prennent un tour plus détendu. La Famille commence alors à faire des remarques.

– Tu devrais te tenir plus droit, mon garçon, dit le Père, en posant sa main entre les omoplates d'Edgar. Tu t'avachis. Je l'ai remarqué quand tu marchais dans la rue ce matin.

– Est-ce que tous les garçons de ton âge portent ce style de chemises à col mou ? demande la Mère. Personnellement, je trouve qu'elles donnent l'air débraillé. C'est très bien pour jouer au tennis ou ce genre d'occasion, mais je préférerais que tu mettes une chemise à col droit quand tu es à la maison. Tu ne verrais jamais Elmer Quiggly porter un col comme ça. Il est toujours très soigné.

– Pour l'amour du ciel, Eddie ! dit la Sœur, enlève-moi cette cravate. Tu te débrouilles toujours pour te mettre les pires horreurs autour du cou. On dirait un tablier maçonnique. Demande-moi de t'accompagner la prochaine fois que tu iras t'acheter des nippes.

À ce stade, Edgar est adossé au mur et a le plus grand mal à respirer. Que savent donc ces gens sur ce qui se fait ?

S'il parvient à échapper au harcèlement familial, il peut même se retrouver face à un tribunal beaucoup plus insidieux, le troisième degré. L'attaque est généralement portée par des parents éloignés et des voisins. La formule est à peu près la suivante :

– Eh bien, aimes-tu ton école ?

– J'imagine que tu ne rates pas une occasion de faire des blagues, hein ?

– Vous devez en passer, de sacrés bons

moments, entre garçons ! Tu sais, crois-en mon expérience, ce n'est pas tellement ce qu'on apprend dans les bouquins qui nous sert plus tard dans la vie, mais les amis qu'on se fait à l'université. Quand on rencontre autant de jeunes gens venus de tous les coins du pays... eh bien, c'est une éducation libérale en soi.

– C'était quoi le problème avec l'équipe de football cette saison ?

– Dis-moi, quel âge ça te fait maintenant ? Ah bon, seulement un an de plus ? Bien, bien... et dire que je me souviens de toi quand tu n'étais pas plus haut que ça, et que tu venais nous rendre visite habillé en petite robe verte, avec de gros boutons de nacre. Tu étais un petit garçon très mignon, pour sûr, et tu appelais notre cuisinière « Sna-sna ». Et te voilà, presque un adulte.

– Hé, tu es de 1924, non ? Je me demande si tu ne connaîtrais pas un type qui s'appelle... euh... Mellish... Spencer Mellish ? Je l'ai rencontré à la plage l'été dernier. Je suis pratiquement certain qu'il est dans ta classe... enfin, non, il était peut-être de 1918.

Après une heure ou deux de ce traitement,

Edgar est prêt à tout pour retourner à l'université, quitte à s'inscrire à un cours optionnel de métallurgie, tournage et fraisage pendant les vacances de Noël, plutôt que courir le risque de se faire piéger à nouveau.

Or, dans tous les cas, qu'il passe son temps à enfiler et à ôter ses habits de soirée, ou devienne dingue à force de répondre à des questions et à défendre sa façon de s'habiller, le résultat final est le même : la fatigue, l'épuisement, et ce que le docteur appellerait « un état de délabrement nerveux généralisé ».

Plus vous êtes jeune, plus vous finissez les vacances à bout de nerfs. Le petit Wilbur rentre à la maison après le pensionnat, où on le couchait à huit heures et demie tous les soirs avec les autres garçons de sa chambrée de cinq, où il devait se peigner les cheveux en présence de la femme du principal, pour se retrouver plongé dans un véritable maelström d'activités. Habitué à un régime constitué pour l'essentiel de céréales et de fruits secs, il est projeté dans une cuisine regorgeant de cerises au marasquin ; pis encore, on lui lâche la bride à l'occasion des diverses fêtes d'enfants, où les pains d'épice individuels en forme de Père Noël et les noix à l'eau-de-vie sont suivis par un après-midi sur l'« Île au trésor », dont il revient en insistant pour remettre à tout le monde dans la famille la « marque noire » et finit par casser la psyché d'un geste de colère parce qu'on lui interdit d'aller à la course cycliste des Six Jours à deux heures du matin.

C'est à peu de chose près le même topo pour les petites filles, sauf si elles ont plus de quatorze ans : dans ce cas, elles retournent à l'école en portant le fardeau supplémentaire d'une *affaire de cœur** contractée pendant leur congé. En général, cela demande un mois ou deux de cours intensifs et de devoirs supplémentaires pour remettre l'enfant d'aplomb après ses vacances de Noël à la maison.

Ce qui nous amène à la conclusion que notre système éducatif a tout faux. Il est évident que l'enfant devrait rester à la maison pendant huit mois de l'année et être envoyé à l'école pour les vacances.

* En français dans le texte.

## *Le complot des jeunes*

Je ne voudrais pas paraître alarmiste, mais je crois que la jeune génération nous prépare quelque chose. Je pense qu'elle fomente un complot.

Mes craintes ne se fondent sur rien de bien défini, sinon que les jeunes n'arrêtent pas de rentrer et de sortir de la maison sans aucune raison apparente. Lorsqu'ils sont à l'intérieur, ils restent assis quelque temps sans rien faire de spécial. Puis ils décident brusquement de ressortir. Un moment plus tard, ils rentrent à nouveau. Dedans, dehors... dedans, dehors...

Bien sûr, ces observations ne portent que sur les week-ends et les périodes de vacances. J'ignore ce qu'ils font à l'école, mais je suppose qu'ils doivent rester sans bouger. On ne les autorise certainement pas à rentrer et à sortir sans cesse des salles de classe et des bâtiments de l'école comme ils le font à la maison.

Cette tendance à la bougeotte se manifeste plus particulièrement pendant les congés de printemps et d'été. Par exemple, deux ou trois d'entre eux quittent la maison juste après le petit déjeuner. Si on leur pose la question : « Où allez-vous ce matin ? », ils répondent : « Oh, juste dans le coin. »

Une demi-heure plus tard, ils sont de retour, avec éventuellement trois autres complices. Ils ne disent pas un mot. Ils rentrent, comme ça. Parfois, ils restent assis en prenant diverses poses désinvoltes. Parfois, ils tournent lentement en rond dans la pièce. Parfois, ils se contentent de rester debout, adossés au mur. Puis, au bout de cinq minutes environ, ils ressortent comme un seul homme.

Ce manège continue toute la journée. Chaque fois qu'ils reviennent, il y en a deux ou trois de plus, mais il semble impossible d'expliquer la présence de ces nouveaux venus. Ils se comportent comme s'ils se fichaient complètement d'*où* ils étaient. Ils n'ont même pas l'air de se plaire tant que ça ensemble. Ils restent très silencieux avec ça, sauf quand ils claquent la porte. C'est mauvais signe.

Tout ce que je peux en déduire, c'est qu'ils préparent une révolution. Lorsqu'ils sont dehors, je pense qu'ils travaillent en secret à couler les fondations en béton qui permettront d'installer des pièces d'artillerie, ou même à poser des mines. Puis ils rentrent jeter un coup d'œil pour vérifier que les vieux ne suspectent pas quelque chose. Une fois qu'ils se sont assurés que tout va bien, l'un d'eux donne le signal et ils ressortent s'affairer à leur complot.

Je crois que personne ne peut comprendre de quoi je veux parler, hormis les mères et les pères qui ont un adolescent dans la famille, mais j'ai abordé le sujet avec plusieurs de ces parents et ils avaient tous remarqué le même phénomène. Une agitation se répand actuellement parmi les jeunes, mais c'est une sorte d'agitation retenue, souterraine, qui n'attend plus qu'un coup de clairon pour qu'ils passent soudain tous à l'action.

Je ne demande qu'une chose : qu'ils me mettent dans la confidence, quels que soient leurs plans. Cela m'aiderait beaucoup s'ils ébruitaient un peu la chose et criaient de temps à autre. Ce sont leurs incessantes allées et venues dans la maison, tels des mahométans sournois fomentant une révolte, qui me minent le moral.

J'espère seulement qu'ils déclencheront quelque chose – n'importe quoi – avant que je sois trop vieux pour prendre mes jambes à mon cou.

# *Sources*

« Holt ! qui va là ? », « L'éducation des petits » et « Les vacances à la maison » sont extraits de *Love Conquers All* (Henry Holt & Company, New York, 1922).

« Le voyage en wagon d'enfants » et « Les pieds au musée » sont extraits de *Pluck and Luck* (Henry Holt & Company, New York, 1925).

« Les jeux éducatifs d'oncle Calvin » et « Le business des camps de vacances » sont extraits de *The Early Worm* (Henry Holt & Company, New York, 1927).

« Le théâtre des juniors » est extrait de *20,000 Leagues under the Sea, or David Copperfield* (Henry Holt & Company, New York, 1928).

« Il dit quoi, le chien-chien ? » est extrait de *No Poems, or Around the World Backwards and Sideways* (Harper & Brothers, New York et Londres, 1932).

« Comment porter un bébé » et « Le complot des

jeunes » sont extraits de *My Ten Years in a Quandary, and How They Grew* (Harper & Brothers, New York et Londres, 1936).

« Votre garçon et son chien » est extrait de *Chips Off the Old Benchley* (Harper & Brothers, New York et Londres, 1949).

« Quand l'État joue les papas », « Que lisent vos enfants ? » et « C'est la rentrée ! » sont extraits de *Benchley Lost and Found* (Dover Publications, New York, 1970).

*Table*


| | |
|---|---|
| Holt ! qui va là ? | 7 |
| Comment porter un bébé | 13 |
| L'éducation des petits | 17 |
| Quand l'État joue les papas | 23 |
| Il dit quoi, le chien-chien ? | 29 |
| Le voyage en wagon d'enfants | 39 |
| Votre garçon et son chien | 51 |
| Le théâtre des juniors | 59 |
| Les jeux éducatifs d'oncle Calvin | 65 |
| Que lisent vos enfants ? | 73 |
| Les pieds au musée | 79 |
| Le business des camps de vacances | 89 |
| C'est la rentrée ! | 99 |
| Les vacances à la maison | 107 |
| Le complot des jeunes | 117 |
| *Sources* | 121 |

« Les Insensés »
Collection dirigée par Frédéric Brument

Delfeil de Ton, *Le Journal de Delfeil de Ton*
Robert Benchley, *Les enfants, pour quoi faire ?*

À paraître

Will Cuppy, *Grandeur et décadence d'un peu tout le monde* (mars 2011).
S. J. Perelman, *L'Œil de l'idole* (mai 2011).

www.editions-wombat.fr

Deuxième titre de la collection « Les Insensés », *Les enfants, pour quoi faire ?* a été achevé d'imprimer sur rotative à quatre mille deux cents exemplaires par l'imprimerie Darantiere à Dijon-Quetigny en décembre 2010.
Première édition.
Dépôt légal : janvier 2011.
Numéro d'impression : 10-1573